세상의 희망
나를 넘어 모두의 회복을 위한 대림절 이야기

내게 "은혜 위의 은혜"인 더그와 카이와 코터
그리고
대모이자 영혼의 친구인 셰릴에게

All Creattion Waits : The Advent Mystery of New Beginnings

Original Edition published by Paraclete Press, Brewster, MA. 02631, USA.
Copyright @ 2016 by Gayle Boss
This Korean edition is translated and used by permission of Paraclete Press
Korean Copyright @ 2024 by Touch Books, Goyang, Korea.
All rights reserved.

이 책의 한국어판 저작권은 Paraclete Press와 독점 계약한 터치북스에 있습니다.
신 저작권법에 따라 한국 내에서 보호를 받는 저작물이므로 무단 전재와 복제를 금합니다.

게일 보스 지음
데이비드 클라인 그림

세상의 희망

나를 넘어 모두의 회복을 위한 대림절 이야기

터치북스

차례

머리말	································	8
대림절 1	비단거북 ························	17
대림절 2	사향쥐 ··························	21
대림절 3	흑곰 ····························	25
대림절 4	박새 ····························	29
대림절 5	흰꼬리사슴 ····················	33
대림절 6	꿀벌 ····························	37
대림절 7	얼룩다람쥐 ····················	41
대림절 8	솜꼬리토끼 ····················	45
대림절 9	검은부리아비새 ··············	49
대림절 10	송장개구리 ····················	53
대림절 11	아메리카너구리 ··············	57
대림절 12	갈색박쥐 ························	61
대림절 13	주머니쥐 ························	65
대림절 14	들칠면조 ························	71
대림절 15	얼룩뱀 ··························	75
대림절 16	마멋 ····························	79

대림절 17	줄무늬스컹크	83
대림절 18	호저	87
대림절 19	동부반딧불이	91
대림절 20	목초지들쥐	95
대림절 21	동부여우다람쥐	99
대림절 22	붉은여우	103
대림절 23	북부홍관조	107
대림절 24	호수송어	111
성탄절	예수 그리스도	115

감사의 글 ⋯⋯⋯⋯⋯⋯⋯⋯⋯⋯⋯⋯⋯⋯⋯⋯⋯⋯⋯⋯⋯ 118

머릿말

모든 피조물 하나하나는 하나님으로 충만하며 하나님에 관한 책이다. 모든 피조물이 하나님의 말씀이다. 가장 작은 동물, 심지어 애벌레와도 충분히 시간을 보내면 설교 준비를 할 필요가 없다. 모든 피조물이 그렇게 하나님으로 충만하다. - 마이스터 에크하르트

큰아들이 걸음마를 할 무렵, 대림절 달력에 우리 가족만의 대림절 관례를 덧붙이고 싶었다. 아들이 태어나기 전부터 우리는 이미 11월 말, 12월을 '휴가철'로 여기지 않으며, 아주 간단하지만 가족과 이웃을 놀래킨 몇 가지 일을 하고 있었다. 대림절 화환에 놓인 네 개의 초를 위한 성탄절 장식과 색등은 포기하고, 성탄절 전날 나무 장식만 했다. 성탄절까지는 크리스마스 캐럴을 부르거나 연주하거나 듣는 것도 하지 않으며, 매일 저녁 불이 켜진 화환 주위에서 "오소서 임마누엘"이라는 찬양만 부르며 조용히 머물렀다. 간혹 우리 가정은 왜 이렇게 성탄절 같지 않냐고 대담하

게 질문하는 사람도 있었다. 하지만 대부분은 우리 아들이 태어난 후, 마치 우리가 아들에게 어린 시절에 필수인 무언가를 허락하지 않는 듯이, 조금 더 비난조로 질문을 던졌다.

우리가 겉치레의 옷을 벗고 한걸음 뒤로 물러서기로 결심한 것은, 기독교 전례 역사에 관한 꽤 딱딱하고 두꺼운 책에 나오는 몇 단락을 읽고 난 후였다. 그 몇 단락은 내게 자물쇠의 다이얼을 정렬하고 있는 손가락 같은 역할을 했다. 내면의 자물쇠가 찰칵 하며 확 열렸던 순간의 아직도 기억난다.

나는 대림절의 뿌리가 기독교 교회 아래로 더 깊이 닿아 있음을, 땅에 그리고 계절에 닿아 있음을 배웠다. 북반구에서는 늦가을에 농작물의 성장 시기가 끝난다. 서두른 농부들은 작물을 거둬들여 식품 저장실에 쌓고 나서 함께 안도의 한숨을 쉬었다. 그들이 밭에서 보낸 오랜 날들은 끝났다. 그들은 노동을 통해 수북이 쌓인 과일, 채소, 곡물, 고기를 얻었다. 그 무리는 "잔치다!" 하고 외쳤다.

동시에, 아무리 잔치가 즐거워도 하늘을 올려다보지 않을 수 없었다. 농작물의 성장 시기가 끝난 까닭은, 태양이 멀리 남쪽으로 후퇴하여 농작물을 살아 있게 하지 못했기 때문이다. 그들은 가을 내내 매일 빛이 점점 줄어드는 것을 지켜보며 온기가 약해짐을 감지했다. 불안하고 초조했다. 그들의 불은 태양을 대체하지 못했다. 잔치를 벌이며 농작물을 다 먹으면 다른 농작물은 어떻게 키울까? 12월 내내 해가 지평선 가장 낮은 지점까지 저물고 저물 때 그들은 원초적인 두려움, 생존에 대한 두려움에 휩싸여 있음을 느꼈다. 그들은 잔치를 벌이고 있었지만 또 두려워하고 있었다. 작년에는 해가 그들의 하늘로 돌아왔다. 그런데 만약 올해는 돌아오지 않으면 어쩌지? 사람들은 집단 기억에도 불구하고 육체적으로 땅과 결부되어 있어 질문하지 않을 수 없었다. 그들의 몸은 현재 시제로 질문을 던졌다.

우리 몸은 여전히 그 질문을 던진다. 12월에는 어두움과 추위가 깊어지는데, 우리의 이성적 사고는 그것을 아무것도 아닌 것으로 묵살한다. 우리는 12월 21일 동지에 해가 우리 하늘로 돌아오기 시작할 것을 안다. 그러나 동물이기도 한 우리 몸은 불편함(disease)으로 반응한다. 우리는 빛, 즉 생명이 떠나가고 있다고 느낀다. 특히 고통 받는 이들은 계절성 정서 장애 환자들이다. 우리 중 일부는 시장이 신나서 제공하는 기분 전환 방법들, 즉 쇼핑, 파티, 더 많은 쇼핑 등을 붙드는 것으로 대처한다.

분명 '휴가철'에는 한편으로 우리 조상들이 그랬듯 우리도 수확을 축하한다. 우리 개인적인 수확은 농작물 및 곳간과는 관계가 없더라도 말이다. 우리는 또 한 해의 끝과 그 한 해가 우리에게 가져다준 모든 것을 기념하기 위해 잔치를 벌인다. 크게, 눈부

시게, 야단스럽게 그렇게 한다. 그러나 우리 조상들이 그랬듯 우리도 그 해의 어두운 끝으로 인해 불안해진다. 그것은 끝이다. 그 끝은 우리가 요청하지 않았는데도 오고, 삶의 과정 중 우리가 통제할 수 있는 것은 거의 없음을 분명히 해준다. 우리는 이러한 불확실성을 어떻게 표현할지 모른다. 그래서 그것이 우리에게 흔적을 남긴다. 우리는 부담을 갖고, 우울하기까지 하고, 사방의 목소리들이 무수히 많은 방식으로 "한 해의 가장 즐거운 시간이야"라고 크게 노래하기 때문에 죄책감을 느낀다.

나를 사로잡았던 그 교회 역사책은, 매년 내게 찾아오는 12월의 슬픔이 죄책감을 가질 이유는 아니라고 말해 주었다. 그것은 세상 속에서 온전히 깨어 있다는, 상실을 느낄 만큼 충분히 깨어 있다는 표지였다. 더 나아가 그 슬픔에 참여할 방법이 있었다. 그 방법이 대림절이었다.

초기 교회 교부들은 매년 빛과 온기와 식물이 사그라지는 것을, 우리가 아는 대로 생명이 완전히 끝나는 때의 전조로 이해했다. 생명이 끝나리라는 사실은, 12월마다 우리가 뼛속 깊이 감지하는 최악의 진리이고 그것은 당연히 우리를 공포에 떨게 한다. 어두운 끝에 대한 그들과 우리의 지속적인 두려움을 향해, 교회는 아드벤투스(adventus), 곧 도래를 이야기했다. 기독교는 이렇게 선포했다. "우리가 아는 대로 올해와 모든 해의 끝에 생명이 떠나갈 때, 한 분이 오시고, 오셔서 새로운 시작을 가져다주신다."

교회 교부들이 보기에, 대림절은 빛과 생명이 시들해지는 그 시기에 대한 올바른 이름이었다. 그들은 신자들에게 금식과 나눔과 기도를 위해 4주를 따로 떼어 놓으라고 권했다. 모두 겉치레의 옷을 벗고, 벌거벗은 영혼이 어두움에 대한 두려움 아래에서 알고 있는 것을 기억하는, 예수님이 "필요한 한 가지"라고 칭하신 것을 깨닫는 방법이었다. 그것은 모든 생명의 근원이신 한 분, 특히 어둠과 죽음 가운데서도 우리와 함께, 우리 안에 계시기 위해 오시는 한 분이 계시다는 사실이다. 그분은 새로운 시작을 가져다주시는 분이다.

이는 최고의 기독교 전통으로, 창조 세계와 보조를 맞추어 진행된다. 태양의 빛과 열기가 약해지면 자연 세계에서 풍성함이 사라진다. 옷을 다 벗는다. 생존을 보장하는 필수적인 것들을 위해 모든 에너지를 쏟는다. 우리는 대림절의 비우는(stripping) 관례, 즉 금식, 나눔, 기도에 참여하며, 북반구에서 살고 있는 모든 생명체 세포들의 리듬에 맞춘다. 우리의 본질적인 리듬에 맞춘다.

그래서 대림절 달력에 우리의 관례를 덧붙이고 싶었을 때, 금식, 나눔, 기도처럼 땅의 계절적인 리듬을 깨닫게 해 주는 무언가를 찾고 있었다. 기독교 서점에 있는 것들은 주로 매일 날짜 문 뒤에 엄지손톱 크기의 탄생 주물을 두는 것이었다. 물론 지팡이 사탕과 선물 꾸러미 사진들보다는 나았다. 그러나 나는 그리스도가 인간으로 탄생하신 것에 대해서는 덜 나타내고 그 탄생의 필요에 대해 더 나타내는 매일의 축소 모형을 찾고 있었다. 나는 어린 아들이 달력의 문을 열 때마다 대림절이 어둠과 관련이 있음을 그리고 소망과 관련이 있음을 감지하기를 바랐다. 소망과 두려움을, 또한 소망 및 상실과 관련이 있음을 알기를 바랐다.

둘째 아이를 임신했을 때 대림절 달력을 만들기 시작했다. 작게 오려낸 문들 뒤에 내가 직접 그린 그림은 생물 그림이었다. 첫 번째 문 뒤에는 연못 바닥에 있는 바다거북 그림을 그렸다. 두 번째 문 뒤에는 다이아몬드뱀 그림이었다. 그 다음은 아비새, 기러기, 곰, 암사슴, 까마귀 등이었다. 나는 그 달력의 짝으로 작은 책을 만들었다. 12월에 매일 카이가 달력 날짜의 문을 열고 나면, 나는 그 문 뒤에 있는 생물과 대림절의 핵심을 연결시켜 주는 시 혹은 노래, 자연사에 대한 짧은 글을 읽었다. "바다거북은 지금 연못 바닥 진흙 속에 묻혀 있다. 어둠에 둘러싸여 완벽하게 정지한 상태다. 거북은 기다린다…."

내가 바다거북을 12월 1일의 문 뒤에 그린 까닭은, 며칠 전 아들의 대모가 어두운 계절 속에 있는 영혼의 상징으로서 바다거북에 대한 묵상을 보내 주었기 때문이다. 그리고 내 아들이 모든 아이처럼 동물 그림을 좋아하는 것을 알았기 때문이다.

20년도 넘은 대림절 때의 이야기다. 두 아이는 아직도 대림절에 집에 와서 며칠을 보낸다. 우리는 아직도 달력의 날짜 문을 열고 그날 동물에 대한 글을 읽는다. 아이들은 아직도 내가 글을 다 읽은 후에 늘 던졌던 단 하나의 질문을 하기를 바란다. "왜 대림절 달력에 바다거북이 있을까? 왜 곰이 있을까? 왜 아비새가 있을까?"

매년 동물 그림을 보는 일은 건강한 영혼이 잠식하는 어둠에 어떻게 반응해야 하는지 보여 준다. 그리고 반응은 한 가지가 아니다. 바다거북 반응, 아비새 반응, 흑곰의 반응… 어둠에 대한, 끝에 대한 그러한 원초적인 두려움이 밀려들기 시작할 때, 동물들은 무의식적으로 그리고 솔직하게 두렵지 않다는 반응을 보인다. 그들은 어둠과 추위의 위협을 받아들이고 놀랍고 기발한 방식으로 적응한다. 주어진 대로 삶을 빚어 간다.

이곳에 있는 동물 그림 일부는 우리 가족의 대림절 달력에 있던 그림을 정교하게 수정한 것이다. 다른 것은 내가 그 달력을 만든 이후 알게 된 동물들이다. 24개 모두 우리를 위해 마음과 영혼의 현실을 생생하게 보여 준다. 각각이 각자의 방식대로 이렇게 말한다. "어둠은 끝이 아니라 문이야. 새로운 시작이 오는 길이야."

대림절 관례는 항상 죽음처럼 보이는 것으로부터 나오는 새로운 시작의 신비를 깨닫도록 도와주었다. 우리처럼 생명의 근원에서 나오는 인간 이외의 생명체들은 의문이나 의심 없이 이 신비를 드러낸다. 동물들과 더 함께할수록 그들에 대해 더 배울수록, 그들은 이 행성에서 우리의 동료 이상이 될 수 있음을 더 알게 된다. 그들은 우리의 인도자가 될 수 있다. 그들은 "하나님에 관한 책…하나님의 말씀"이 될 수 있다. 그분은 가장 어두운 계절에도 오셔서 우리에게 새로운 시작을 가져다주시는 분이다.

대림절 1

비단거북

12월 1일치고는 밝고 따뜻한 날이지만, 습지 연못의 통나무들은 텅 비어 있다. 봄부터 여름, 초가을까지 햇살이 내리쬐는 날이면 그 통나무가 열 마리 남짓의 비단거북에게 온천이 되어 주었다. 나는 그 비단거북들이 다리를 벌리고 가죽 같은 목을 최대로 뻗은 채, 햇빛과 태양의 온기의 감미로운 원자 하나하나를 갈구하며 햇볕을 쬐는 것을 보곤 했다.

지금은 보이지 않는 그들은, 다가오는 더 혹독한 추위를 피하지 못했다.

이 연못의 물은 아마 허리 깊이 정도겠지만 뿌리와 식물들이 뒤엉켜 있는 탁한 수프 같다. 어느 가을 날 물과 공기가 차가워지면서 어떤 정확한 온도에 거북의 뇌에서 아주 오래된 종소리가 들렸다. '심호흡을 하라'는 신호다. 거북들은 각자의 통나무에서 벗어나 더 따뜻한 흙바닥을 향해 헤엄쳐 갔다. 암컷 거북 하나가 식물 줄기들로 엮인 벽을 헤치고 나아가 바닥에 있는 자신의 자리를 찾았다. 그리고 눈을 감고 진흙 속으로 파고들었다. 자신을 파묻었다.

그러고 나서 등딱지 속으로 빨려 들어가 어둠에 둘러싸여 깊은 정적 속에 안주했다. 심장은 천천히 또 천천히 움직여서 거의 멈출 지경이다. 체온은 떨어져 얼기 직전에 멈추었다. 이제 진흙층 아래에서, 아주 차가운 물과 표면의 얼음과 그 위를 덮은 눈의 무게 아래에서, 그 거북 안의 모든 것이 그렇게 정지해 버려서 숨을 쉴 필요가 없다. 게다가 얼음이 덮인 연못은 곧 산소가 바닥날 것이다. 거북은 6개월 간 그 진흙 바닥에 함몰되어 폐에 공기를 불어넣지 못할 것이다. 자신을 죽일, 혹은 포식자가 죽이도록 자신을 느리게 만들 추위에서 살아남기 위해, 그 거북은 숨쉬기가 불가능한 곳에서 숨 쉴 수 없을 정도로 속도를 늦춘다.

그리고 기다린다. 얼음이 습지의 물을 가두고 세차게 부는 돌풍이 갈대와 덤불을 때리는 동안, 그 모든 것 아래서 기다린다. 그것이 그 거북이 하는 유일한 일인데 쉽지는 않다. 산소 결핍이 그 거북의 모든 분자를 압박한다. 혈류에 젖산이 고인다. 근육이 타기 시작한다. 심장 근육도 마찬가지다. 치명적인 신호다. 그 산은 중화되어야 하는데, 칼슘이 그렇게 하는 성분이다. 거북의 몸은 뼈에서, 그 다음 등딱지에서 칼슘을 끌어내어 천천히 그 조직, 형체, 체력을 녹인다. 그러나 산소가 없는 곳에서 탈출하기 위해 움직이려면 숨을 쉬어야 하는데, 그것은 그 거북을 질식시킬 것이다. 그래서 거북은 녹고 있음에도, 압박을 받는 모든 분자는 완전한 정적의 은구슬에 초점을 맞추고 있다.

 이 철저한 단순함이 그 거북을 구해 줄 것이다. 그리고 그 안 깊은 곳, 그 정적의 중심에는 그 거북이 이름을 붙일 필요가 없는 것, 그러나 우리가 신뢰라 부를 수 있는 것이 있다. 그것은 언젠가 세상이 다시 따뜻해지고 그것과 함께 자신의 삶도 따뜻해지리라는 것이다.

대림절 2

사향쥐

정밀한 보석 세공인처럼 똑바로 앉아서 앞으로 몸을 구부린 사향쥐가 부들(cattail)의 부드러운 줄기 끝을 입 안으로 가져가, 긴 발톱이 있는 앞발로 동시에 빠르고 게걸스럽게 붙잡아 껍질을 벗겨 씹는다. 질긴 부분에 이르면 내던지고 자신의 더미에서 다른 것을 꺼내 베어 문다.

나는 지난 여름 눈부신 이른 아침 연못가에서 오랜 시간 감탄하며 그 사향쥐를 바라보았다. 게걸스럽지만 세심한 식사, 목적을 가진 식사를 감탄하며 바라보았다. 처음에는 그 목적이, 부들이 갈색 껍질로 노화될 때, 얼음이 연못을 봉인할 때, 빛이 흐린 날이 긴 낮잠을 요청할 때, 가능한 한 많은 칼로리를 채워 저장된 지방으로 살아가는 것이라고 생각했다.

그러나 사향쥐는 겨울잠을 자지 않는다. 바로 이 순간 빙원 아래에서 수영을 하곤 한다. 수직으로 납작해서, 모서리에 달린 벨트 같은 그 쥐의 꼬리는, 여름처럼 물에서 빠르고 능숙하게 나아갈 수 있게 해준다. 이 수영은, 겨울에 혈액이 더 많은 산소를 운반하고 근육이 더 많은 산소를 저장하도록 몸의 화학 반응을 기발하게 재조정한 덕분이다. 살과 피에 산소가 풍부하고, 피부와 붙은 단열 공기 주머니를 가두어 외부에서 들어오는 물을 차단하는 호화로운 이중 털 코트를 두른 그 쥐는 열심인 냉수 수영 선수다. 그래야 하기 때문이다. 사촌인 북반구 비버와 달리 사향쥐는 겨울에 식량을 저장하지 않는다. 그러나 매일 신진대사가 빨라서 신선한 초목에서 몸무게의 3분의 1에 해당하는 양을 먹어야 한다. 그래서 오늘 그리고 겨울에 매일, 여전히 저지대에서 자라는 식물을 얻기 위해 얼음 아래로 뛰어드는 것 외에 선택의 여지가 없다.

사향쥐는 그것을 잘 할 수 있는 몸이지만, 얼음물은 체온과 체력을 빠르게 약화시킨다. 체온을 올리기 위해서는 연못 중앙 수면으로 올라와야 한다. 그래서 그 쥐는 얼음 밑에서 갈라진 얼음 틈을 통해 흙더미 속으로 나뭇가지와 줄기들을 밀어올려 은신처를 만든다. 그것은 밀어올려진 것이라고 부를 수 있다. 쥐는 흙더미 은신처 속으로 몸을 밀어올려, 체온을 올리기 위해 털을 흔들어

말리며 몸을 떤다. 그리고 친족이 아니더라도 다른 이들이 함께하는 것을 허용한다. 모여 있는 무리의 소중한 열기 때문이다. 너무 약해져서 물로 뛰어들기 어렵다고 느끼면, 항상 벽의 두께를 주시하기는 하지만, 안쪽에서 그의 은신처의 일부를 먹을 수 있다. 겨울바람에 문을 여는 위험을 감수할 수는 없다.

    연못 얼음 위 이 나뭇가지 더미는 숨 쉴 수 있는 작은 공간이다. 연못 둑 속을 파낸 그 쥐의 어두운 작은 굴 같은, 어두운 작은 방이다. 때로는 홀로, 가끔은 다른 쥐들과 함께 쉬고 숨을 쉬기 위해 그 어두운 방으로 퇴각하는 일은, 사향쥐가 원기왕성하고 부지런한 심장을 멈추게 할 수 있는 몇 달 동안의 추위에서 살아남는 방식이다. 그곳에서 따뜻해지고 기운을 얻으면, 꼬리를 가볍게 움직이며 매끄럽고 빠르게 바로 그 바닥, 항상 신선한 음식이 자라는 그곳으로 뛰어든다.

대림절 3

흑곰

미시간 북부의 활엽수림을 걷다가 불안해서 가만히 섰다. 이곳은 내가 자란 곳이다. 이 3백만 평방미터 남짓 한 땅 어딘가에서 흑곰이 자고 있다. 이미 한 달 전, 한 암컷 흑곰이 어떤 쓰러진 나무 혹은 그루터기 아래에 몸을 구부리면 딱 맞는 굴을 팠다. 그리고 그 바닥 위로 나무껍질과 풀을 긁어모으고 자리를 잡았다. 나는 몸을 웅크리고 앉아 눈을 감고 상상했다. 털로 덮인 동그란 근육 덩이가 근처 어딘가에서 느슨하게 있는 모습을.

그 곰은 그렇게 눕기 전 몇 주 동안, 또 다른 삶을 준비하며 서두르고 있었다. 늦여름, 대부분의 베리와 견과가 익는 바로 그때 그 암컷은 걸신들린 듯 먹었다. 하루에 일고여덟 시간을 야생 라즈베리, 블랙베리, 굿베리, 허클베리 밭에서 보내며, 열매를 발로 긁어 입으로 핥아 먹은 다음, 배를 땅에 대고 휴식을 취하며 떨어진 보석들을 흡입했다. 단맛에 질리자, 어느새 물봉선화, 습지 엉겅퀴, 부들, 바위취의 향긋한 냄새를 맡으며, 말벌, 개미, 딱정벌레 유충을 간식으로 먹었다. 그리고 비치넛(너도밤나무열매)이나 헤이즐넛, 히코리넛 숲에서 평소 칼로리 섭취량의 세 배, 심지어 네 배까지 섭취하며 하루를 마무리했다. 그런데도 그 안의 신뢰할 만한 목소리가 강력히 권한다. '먹어, 더 많이 먹어!'

이제 잎이 무성하고 초가을답지 않은 따뜻한 날은 잊었다. 암컷 곰은 앞만 바라보았었다. 모든 움직임은 식량이 목적이었다. 그 의도는 맹렬하고 남달랐었다. 내면의 목소리가 완전한 반전을 부추겼을 때까지 말이다. 그 목소리는 '그만둬. 느릿느릿 가'라고 말했다.

견과 나무들과 베리 숲은 해골 같다. 나는 눈 덮인 정적 가운데 웅크리고 앉아 그 곰이 천천히 숨 쉬는 소리를 듣는 상상을 한다. 천천히 지방을 연소시키는 곰의 냄새를 맡는 상상을 한다. 그 모든 견과, 베리, 벌레, 식물로 만든 지방이 녹아서 그 곰을 재우는 연료가 된다. 곰은 오그라들고 있다. 몸 속 깊은 곳의 자궁만은 예외다. 그곳에서 그 암컷 곰이 번식을 하고 있다. 세포 덩어리들이 그를 닮은 새로운 형태들로 부풀고 있다.

아마도 그 암컷 곰은 그 안에서 생명이 자라고 있다는 꿈을 꾸는 것 같다. 자신이 먹고 커지고, 먹고 커지는 내내 그것을 예견

했을까? 누울 때 그것을 감지했을까? 그 목적에 대한 어떤 암시가 있든 없든, 그 곰은 틀림없이 강렬한 충동을 느꼈다. 곰은 그 충동에 순종했고, 이제 자는 동안 때가 되면 그것이 형체를 갖춘다. 두 개의 형체.

지금부터 약 8주 후 그 암컷 곰이 아직 자는 동안, 새끼들이 그에게서 굴러 떨어질 것이다. 각각 300그램 정도 되는 눈을 뜨지 못한 그 새끼들은 엄마의 유두를 찾아 젖을 먹을 자리를 잡을 것이다. 그 암컷 곰이 자는 동안 그들은 젖을 먹고 자라고, 또 젖을 먹고 자란다. 그들의 배고픔이 엄마 몸에 저장된 것을 빼낸다.

3월 하순 공기가 따뜻해지면 그 암컷 곰은 천천히 깰 것이다. 시간이 지나 여윈 그 곰이 네 개의 빛나는 눈이 자신을 돌아보는 것을 발견할 그 순간을 상상해 보라.

대림절 4

박새

겨울이면 거의 매일 작은 무리가 밀너 선생님의 2학년 교실 창문 밖 모이통에 허겁지겁 찾아오곤 했다. 선생님이 "치-커-디-디-디" 하고 노래하면 우리도 "치-커-디-디-디" 하고 응답하곤 했다.

검은색으로 덮인 커다란 둥근 머리에 작고 둥근 몸을 가진 그들은, 모이통 위에서 또 모이통에 솔질을 하는 소나무 가지 위에서 거꾸로 빙글빙글 도는 곡예사였다. 그들은 내가 창유리에 코를 대고 누를 때에도 날아가지 않고, 확신컨대 내 눈을 똑바로 쳐다보며 훔쳐보았다.

아마도 밀너 선생님은 우리를, 여전히 피조물의 고통을 느끼던 아이들을 배려하고 계셨을 테지만, 추운 매일 밤 그 쾌활한 새들이 다음날 아침 우리를 맞이하기 위해 삶과 죽음 사이에서 줄타기를 했다는 것은 알려 주지 않으셨다. 깃털과 살 그리고 속이 텅 빈 뼈가 14그램인 박새는, 손바닥 위에 놓으면 5센트짜리 동

전 무게 정도로 느껴진다. 키와 폭에 비해 상대적으로 가벼운 생물들이 그렇듯 박새도 빨리 열을 잃는다. 그래서 그 작은 새는 겨울이면 다가올 긴 밤 동안 신진대사를 위한 불을 때기 위해 해가 있는 짧은 시간 동안 계속 먹어야 한다. 그렇게 해도 영하의 밤에는 불이 꺼질 수 있다. 나무 구멍의 은신처에 몸을 밀어 넣어도, 에너지를 절약하기 위해 체온을 많이 떨어뜨릴 능력이 있음에도, 겨울밤의 박새는 낮 동안 먹은 칼로리를 모두 태운다. 동이 트기 전, 볼 수 있을 만큼의 빛이 들어오자마자 그 박새는 굶주린 채 파닥거리며 그 작은 뇌로 씨앗들에 열중한다.

그 뇌는 작지만, 지금 대림절 기간에는 봄보다 더 크다.

나는 의아하다는 듯 내게 고개를 기울이는 박새에게 고개를 꺄웃했다. 그 검은색 머리 안쪽에 있는 해마는 약 800미터 지역에 대한 정확한 지도로 가득 차 있다. 그가 씨앗을 챙겨둔 나무껍질이나 통나무 틈 덮개에 X 표시가 있다. 늦여름 이후로 그의 뇌의 기억 중추가 자라, 은닉한 씨 하나하나, 수천 개의 위치를 기록하는 뉴런이 더해졌다.

그 박새가 남은 겨울 내내 그것을 다 먹어치울 때, 그 지도와 그의 해마는 오그라들 것이다. 그 지도는 얼음과 눈이 오기 전에 사라질까? 당연히 밀너 선생님의 모이통에 앉는 박새들은 황홀해 하는 듯 보였다. 선생님이 매일 아침 쏟아부으신 노다지인 해

바라기 씨 덕분에 그들의 겨울 저장물은 더 오래 갈 것이다.

지금 박새들이 내 모이통 주위를 빙빙 돌고 깡충깡충 뛰고 촐랑거리며 돌아다닐 때, 그들은 성 프란체스코를 따르는 무리로 보인다. 가난과 결혼한 성자처럼, 겨울이 되면 매일 그들의 존재 문제가 드러난다. 어두운 밤을 지나 내일까지 필요한 만큼 충분히 있을까? 이치에 맞지 않게 그 성자처럼, 그들은 마치 그 질문이 정말로 열림, 자유, 기쁨인 듯 행동한다.

대림절 5

흰꼬리사슴

두 마리 혹은 세 마리, 네 마리가 무리를 지어 숲 속을 부드럽게 나아가는데, 그들의 외투가 덤불과 나무껍질 색깔이라 우리에게는 거의 보이지 않는다. 그래서 10월에 밖에서 그들 떼를 보면, 비밀스러운 집단의 커튼이 젖혀지는 것처럼 보인다. 그들은 추위가 오고 있음을 안다. 포식자들에 맞서 무리를 이룬 그들은, 그들의 식량이 얼기 전에 혹은 눈이 와서 사라지기 전에 들판에서 광범위하게 먹이를 찾는다.

    하지만 먹는 것보다 더 깊은 충동이 그들을 사로잡는다. 11월이 되면 수사슴과 암사슴 둘 다 안절부절못하며, 난폭하기까지 하다. 먹이와 경계심을 이기는, 동족을 번식시키고 싶은 원초적 욕구가, 다가오는 치명적이고 차가운 바람과 함께 밀려든다. 이는 '발정기'(rut)라 불리는데 이 단어는 '포효'(roar)에 해당하는 라틴어에서 유래했고, 내가 사는 미시간의 한 지역에서는 대림절

초기에 점점 강해진다.

이제 수사슴들은 고독한 여행자로 출발하여, 자신의 영역이라 여기는 곳을 돌아다니며 잔뜩 표시를 한다. 한 지역의 가장 센 수사슴은 가장 많은 표시를 하기 위해 초가을 대결에서 그 권리를 얻고, 그의 정력을 광고한다. 울타리 기둥도 가능하겠지만 그 수사슴은 껍질이 부드러운 묘목에 뿔을 문지르고, 그렇게 문지르는 동안 이마 분비샘이 홈이 파인 나무에 그의 독특한 향을 남긴다.

또 발로 퇴적물이 쌓인 땅을 긁으며 소변을 보는 원을 치우고 자기 근황을 남긴다. 그러고 나서 머리 높이에 있는 자그마한 가지로 향한다. 이 가지를 보고 그곳을 선택했다. 수사슴은 뿔로 그 가지를 때리거나 깨물어서 끝 부분을 부러뜨린다. 그리고 부드럽게 눈을 감은 채 얼굴 옆면을 따라 민감한 부분 쪽으로 앞뒤로 신선해진 끝을 문질러, 그의 냄새가 그 줄기 끝을 덮게 한다.

수사슴은 여러 감각으로 둘러싸인 환경을 만들었다. 그러자 암사슴들이 다가와 자신들에게 강한 새끼 사슴을 낳게 해 줄 짝을 알아본다. 그들이 그를 청하고, 그가 그들을 뒤쫓는다. 그가 다른 곳에 있을 때 다른 수사슴들이 그가 뒤쫓은 암사슴들을 가로챈다. 암사슴이 짝짓기를 할 24시간 동안, 암사슴과 수사슴은 하나로 합치기 전에 몸짓, 접촉, 소리, 냄새의 의식을 행한다.

대림절 초반에 흰꼬리사슴은 이러한 활기차고 정교한 춤에 열중한다. 그들은 잠시 쉬었다, 조금 먹고, 움직이고, 움직이고, 움직이며, 그들을 재창조한다.

그러고 나면 끝이다. 12월 말이 되면 더 강력한 추위가 그들의 포효하는 피를 억제한다. 수사슴끼리, 암사슴끼리 전열을 가다듬고, 눈이 깊이 쌓여 그들의 두 다리를 묶기 전에 기억의 실타래를 따라 흰색 삼나무 늪으로 간다. 그곳은 가지들이 빽빽하게 엮여 있어서 사슴들을 바람으로부터, 눈으로부터, 개와 늑대로부터 보호해 준다. 사슴들은 종족을 이어 가기 위해 할 수 있는 일을 전력을 다해 했다. 이제 그들은 함께 누워, 자신들을 먹여 살리는 저장 지방과 마찬가지인 온기를 나눈다.

사슴들은 옹기종기 모여 다른 어느 시기보다 지금 우리로부터 더 숨는다. 두세 마리가 나타나면 여전히 나무들 사이의 돌처럼 환영으로 보인다. 그들은 이내 사라져 삼나무 늪으로 살그머니 돌아가, 추위가 깊어지고 암사슴의 배에서 새끼 사슴이 자랄 때를 기다린다.

대림절 6

꿀벌

눈이 아직 내 장화의 발 부분을 덮지 않아서, 활엽수 사이를 걷기는 괜찮다. 나는 보청기 역할을 할 내 강아지와 함께 있다. 속이 빈 떡갈나무를 찾으면 나는 강아지를 불러 강아지가 그 주위로 코를 킁킁거릴 때 그가 멈추어 고개를 옆으로 기울이고 골똘히 나무의 몸통을 응시하기를 바라며 지켜본다. 여름이었다면 그리고 그들이 여기 있었다면, 우리 둘 다 웅웅거리는 소리를 들을 수 있었을 것이다. 지금은 그들이 이곳에 있다 해도, 내 강아지의 기민하고 예리한 귀조차 그것을 포착할 수 있을지 잘 모르겠다. 2만 마리의 꿀벌이 떨고 있을 때 어떤 소리가 날까?

그들, 겨울 벌집에 있는 암컷이 모두 이곳에 있다면, 안에 다닥다닥 붙어 있고 그 암컷 무리의 중심에 여왕이 있다. 이제 그 벌들은 여름의 열기 속에서 열심히 퍼덕이던 멋지고 투명한 날개, 벌집이 상하지 않도록 계속 웅웅거리는 환풍기 같던 날개를 접고 가만히 있다. 그 날개가 딸린 아주 작은 근육들은 떨고 있다. 비상근(飛翔筋)을 떨고 있는 꿀벌 한 마리는 열을 그리 많이 내지 않는다. 그러나 옹기종기 모여 떨고 있는 이만 마리는 그들의 중심부에 있는 여왕과 그 군락의 꿀 비축량을 아주 더운 화씨 92도(섭씨 33도)로 유지할 수 있다. 얼마 떨어지지 않은 곳에서 눈보라가 나무 몸통을 마구 흔들 때도 말이다.

이를 위해서는 세심하게 시간을 맞춘 안무가 필요하다. 무리의 바깥층에 있는 벌들이 그들을 마비시키는 추위인 화씨 42도(섭씨 5도) 가까이 체온이 떨어짐을 느끼면, 빛이 있는 중심 쪽으로 밀고 나간다. 그러면 그 다음 바깥쪽 층의 벌들이 그들 자매들의 자리를 차지하여 추운 쪽으로 돌아간다. 벌들은 가장자리로부터 중앙으로, 중앙에서 가장자리로, 안쪽으로 바깥쪽으로 움직이며 최면에 걸린 듯 반복되는 춤을 춘다.

그 춤의 중심에 여왕이 있다. 여왕은 모든 벌의 존재 이유다. 여왕이 없으면 그 군락은 혼란에 빠질 것이다. 여왕벌의 몸단장을 해 주는 육아벌들은 계급에 따라 여왕벌의 냄새를 전달한다. 이는 그들의 건강과도 관련이 있는 여왕벌의 건강에 관한 모든 소식을 알려 준다. 그들은 지금 대림절에 여왕이 알을 낳지 않음을 냄새로 안다. 먹여야 할 새끼들이 없다. 각각의 벌은 그들의 한 가지 의무로써 비상근을 최소한으로 움직여 여왕과 그 군락에서 저장한 꿀을 따뜻하게 간직하는 공동 작업을 하는 것임을 감지한다. 벌떼 전체가 함께 떨 때에만 살아남을 것임을 안다.

떨고 있는 무리 중 일부는 노환으로 죽는다. 개화기에 부화되었다면, 하루에 이천 송이나 되는 꽃에서 꿀과 꽃가루를 수확하는, 그 벌떼의 생존을 위한 노동 때문에 날개가 닳아 4주 이내에 죽는다. 그러나 겨울 문턱에 부화된 이들은 6개월을 살 수 있다. 그들은 어두운 벌집, 자매들의 몸의 압박만 알 것이다. 절대 날지 못하고, 꽃에 빠지지도 못할 것이다. 그들은 어두운 데서 함께 떠는 데 일생을 바친다. 각 벌의 아주 작은 반복적인 몸짓이 서로 합해져, 우리의 청력을 넘어서는 음악이 되고, 그것으로 그 공동체의 미래를 지속시킨다.

대림절 7

얼룩다람쥐

해가 눈을 살짝 만지고 가는 현관문의 안락한 남쪽 모퉁이에서, 메트로놈 같은 짹짹짹짹 소리가 들린다. 얼룩다람쥐가 어떤 목록에서 항목들을 확인하며 따뜻한 시멘트 판 위에 똑바로 앉아 있다. 나는 땅콩을 손에 들고 소리 없이 조심조심 걸쇠를 풀려 했지만, 얼룩다람쥐는 휙 돌아서 회전하다가 자기 구멍 속으로 사라진다.

　굴을 파는 이 동물 덕분에, 문 앞쪽 부분 시멘트 판이 가라앉고 있다. 그 다람쥐의 터널 공사는 분명 내 문에서 시작되지만 그 터널이 거기서 어디로 갈지 누가 알 수 있을까? 다람쥐는 종이 클립 절반 크기의 앞발로, 그의 몸길이의 4-5배 정도를 아래로 파고 내려가, 이층집 높이만큼의 길이로 파고나갔다. 비록 그렇게 똑바로는 아니더라도 말이다. 오늘 아침 땅 위의 광대하고 밝은 세상에서 다람쥐는 잠시 마지막 일광욕 같은 것을 하고 있었다. 겨울은 3개월 간 머무르려고 그 추위로 자리를 잡고 얼룩다람쥐를 그의 지하실로 추방하려 한다. 그의 사촌들, 나무에 집이 있는 다람쥐들과는 달리, 얼룩다람쥐는 땅 위에서는 몸이 언다. 단열 처리된 땅에서도 세심한 계산을 통해서만 살아남는다.

그는 강박적으로 가을 내내 볼 주머니에 견과와 씨를 가득 채우고, 그의 터널 측면을 따라 자신이 파 놓은 방들로 빠르게 달려갔다. 그 방들은 엄청난 양의 겨울 식량을 모두 담을 수 있는 식품 저장실이다. 다람쥐는 재고를 유지하고 다양성을 위해 일한다. 어떤 종류의 씨가 썩으면 다른 종류를 많이 가져오고자 한다. 그러나 그렇게 잘 채운 식품 저장실에, 땅 밑에 있는 도둑들이 들러붙는다. 그래서 그는 땅 위에도 더 많이 비축하고, 그곳의 굶주린 도둑들이 보지 못하게 숨겨 둔다.

얼룩다람쥐는 땅 위에서, 땅 아래서 수그러들지 않고 절대 충분하다고 확신하지 않으며, 모으기, 저장하기, 재고 확인하기를 계속할 것이다. 결국 추위가 "멈춰, 그러지 않으면 죽어"라고 말할 때까지 말이다. 그때가 되면 다람쥐는 터널을 통해 나뭇잎들이 있는 침실로 미끄러지듯 들어가 몸을 동그랗게 만다. 불안한 그의 심장이 분당 350회에서 15회로 느리게 뛴다. 다람쥐는 거의 숨을 쉬지 않는다. 그의 몸이 식는다.

족제비가 그렇게 쉬는 다람쥐를 발견하면, 다람쥐는 무엇이 그를 물었는지 알기 전에 죽을 것이다. 깨어 있으면 탈출할 가능성이 있다. 그래서 다람쥐는 며칠, 몇 주 동안 토막잠을 자고, 비몽사몽 중인 몸을 일으켜 세워 터널과 출구와 식품 저장실을 점검하고 식사를 한다. 식량이 적어 보이면, 따뜻한 날을 골라 잠시 튀어나와 새 모이통을 습격하거나 땅 위 은닉처 중 하나를 찾는다. 이는 눈 사이에서 어두운 줄무늬를 기다리고 있는 매 혹은 고양이를 만날 위험을 무릅쓴다는 뜻이다. 그래서 다람쥐는 더 오랫동안 잠으로써 가만히 있으며 음식을 절약하는 쪽을 고려한다. 그러나 이는 족제비에게 더 유리한 조건이다. 또 다람쥐는 이 겨울이 얼마나 오래갈지, 봄이 올 때마다 봄을 위해 어떻게 음식을 아낄지 고려해야 한다. 그러면 그때 짝을 찾기에 충분할 만큼 강해질 것이다.

아주 작은 위험 평가의 달인인 다람쥐는 겨우내 계산하고 다시 계산한다. 공식은 없고, 기댈 집단 사고도 없다. 유연성이 전부다. 얼룩다람쥐는 각기 혼자 힘으로 홀로 어떤 선택들이, 춥고 어두운 날들을 지나 겨울의 반대편으로 데려다 줄 가능성이 가장 높은지 고려해야 한다. 다람쥐는 어떤 보장도 없이 이를 계속해야 한다. 심장 박동이 빨라진 오늘의 그가 오늘의 선택을 한다.

대림절 8

솜꼬리토끼

나는 코로 차가운 유리를 누른 채, 5시 정각에 이미 거친 회색빛 땅거미가 우리 뒷마당을 가득 채운 것을 눈을 찡그리고 보았다. 한 덩어리가 짙어지는 어둠을 깨고 나와 깡충 뛰더니 다시 그리고 두 번 더 깡충 뛰어 초록 잎 몇 개가 달린 둘쭉날쭉 자란 갈매나무로 가 몸을 뻗었다.

매일 아침 나는 이 동부솜꼬리토끼를 지켜본다. 내 생각에 이 암컷 토끼는 좁은 숲 가장자리에 있는 덤불 더미 깊숙한 데 사는 것 같다. 늦여름과 가을에는 더 자주 보였고, 예상보다 일찍 해가 완전히 지기 전에 그 토끼의 회갈색 코트가 이음매 없이 나무 몸통과 덤불과 잡초 속에 끼워졌다. 토끼는 초록색인 것은 거의 모두 먹은 다음 멈추어 주변에 자리를 잡고 웅크리고 탄탄해져 사색하는 그림이 된다. 나는 수십 번 그 토끼 가까이로 살금살금 다가가 한자리에 앉아 그의 평안을 흡수하려 했지만 결국 그 토끼는 빗장을 질렀다. 토끼는 숨도 쉬지 않고 갑자기 휴식에서 지그재그로 돌진했다.

그러한 번개 같은 돌진이 지금 그 토끼의 방어 수단이다. 토끼는 한때 지표식물과 뒤섞였던 곳에서, 이제 어떤 빛이라도 비치면 우유 웅덩이의 코르크 마개처럼 눈에 띈다. 눈 속에서 그 발은 은신처로 가는 깔끔한 포인터를 남긴다. 그리고 그 토끼만큼 굶주린 수많은 포식자가 지켜보고 있다.

토끼는 조심한다. 땅거미가 토끼의 코트만큼 어두워질 때까지는 위험을 무릅쓰고 나가지 않는다. 눈이 내리면, 갉아먹을 잔가지나 나무껍질을 찾기 전에, 자신이 문에서부터 근처 몸을 숨길 곳까지 가며 만든 자국들에 잔털과 가루로 포장을 한다. 일인치의 눈에도 그 토끼는 빗장을 움직이지 않는다. 민감한 도주의 달인인 토끼는 빠른 도주를 위해 서너 개의 자국, 다른 경로들을 준비해 둔다.

토끼가 자국들을 포장하고 속도를 위해 그것들을 점검하고 나면, 살그머니 안식처로 돌아간다. 그곳은 그 토끼가 덤불 더미나 뒤얽힌 수풀 혹은 어린 가문비나무 덮개 아래 땅에서 긁어낸 얕은 구멍이다. 토끼는 지하로 숨기 위해 굴을 팔 수도 있다. 그렇게 할 만한 앞발을 가졌다. 그곳에서는 더 따뜻할 것이다. 그런데 갇

혀 있어서 지그재그로 돌진할 공간이 없다. 땅 속 구멍은 토끼에게 무덤처럼 느껴질까? 토끼는 대신 땅 위 덤불진 은둔처를 택하여 그곳으로 이동하고 자신이 가진 모든 온기를 안으로 모은다.

일반적으로 그 정도면 충분히 따뜻할 것이다. 그러나 겨울의 가장 매서운 며칠은 지하로, 버려진 스컹크나 마멋의 굴로 기어가지 않을 수 없다. 토끼는 가까스로 들어간다. 그리고 출구 근처에서 경계 태세로 몸을 웅크리고 추위가 진정되기를 기다린다. 그는 그 구멍의 온기 너머로 뛰어 오르고 뛰어 달아날 공간을 원한다.

토끼는 자신을 쫓는 굶주린 자들을 교묘하게 피할 공간 대신, 할 수 있는 한 가만히, 아주 가만히 있어야 한다. 몸을 피하고 몸을 따뜻하게 해야 한다. 토끼는 지금 실천하고 있다. 갈매나무 아래에서 정신을 바짝 차리고, 귀를 머리 가까이 댄 채 고운 첫 눈 위에 자리를 잡았다. 철저히 정지한 채 철저히 경계하고 있다. 토끼는 그 철저한 정지 안에서 뛰어오른다.

대림절 9

검은부리아비새

내가 자란 북부 호수들은 12월이면 대부분 풍향이 바뀌고 철썩이며 출렁거린다. 그러나 으스스한 음악이 사라지고 있다. 마치 아주 오래된 주술사들이 주문을 그만두고, 구경꾼들의 소동과 중얼거림에 그 무리를 맡긴 것 같다.

위는 윤이 나는 검정색, 아래는 흰색, 흰색 띠 목걸이, 턱끈, 얼룩덜룩한 가운을 걸친 검은부리아비새들이 5월부터 10월까지 호수들 위를 활공하며, 그 울음소리로 영혼을 꿰뚫는다. 봄과 여름의 현란한 깃털, 울음소리 모두 자손을 위한 것이다.

초봄에 아비새들은 구애를 위해 그리고 경쟁자들에게 경고하기 위해 검정색과 흰색이 섞인 의례복을 입는다. 수컷들은 물에서 올라와 무거운 날개를 퍼덕이고 요들송을 부르며 '여기 내 짝, 내 호수, 내 둥지, 내 새끼가 있어'라는 신호를 보낸다. 죽을 때까지 그 주장을 밀어붙일 준비가 되어 있다. 적이 이 중 하나에 접

근하면 수컷은 불안해서 미친 듯이 웃는 것처럼 보인다. 짝이나 새끼가 너무 멀리 이동하면, 배우자나 부모가 '여기야! 이리 와!' 하고 울부짖을 것이다. 사람이 그 소리를 듣기 천만 년 전 아비새들은 그 울음소리로 호수를 떨게 만들었다.

그러나 9월 초에는 다른 삶을 준비한다. 살아남은 새끼들은 성장하여 독립한다. 짝짓기를 할 필요가 없고 자신을 방어할 필요가 없는 어른 새들은 대담했던 태도를 버린다. 화려한 깃털이 사라지고 수수한 회색으로 교체되도록 내버려둔다. 그들은 가을 내내 이전의 경쟁자들과 모두 평화로운 무리가 되어, 모여서 헤엄을 치고 함께 먹는다. 날카로운 울음소리는 접고, 서로 결속을 다지며 '내가 여기 있어. 우리가 여기 있어'라고 확신을 준다.

그들은 함께 힘을 모으고 있었다. 얼음이 호수 가장자리에서 타닥타닥 소리를 내기 시작할 때, 어른 새들은 아주 힘든 여행을 나선다. 깊은 잠수를 할 수 있도록 뼈가 무겁고 단단한 아비새는 공중에 떠 있기 위해 튼튼한 날개를 매분 250회 계속 퍼덕거려야 한다. 1,100-1,300킬로미터 동안 한 박자도 놓치지 않아야 한다.

어린 새끼들은 그들과 함께 하지 않았다. 청소년만큼 자란 새들은 태어난 호수에서 더 오래 머물다가, 나중에 그들만의 작은 무리를 지어 가 본 적 없는 곳으로 그들을 안내하는 내면의 안내자들에게 맡긴 채 출발한다.

여행에서 살아남을 만큼 강해진 모두가 이제 대서양 해안을 따라 떠가고 있다. 그들은 전열을 가다듬어 쉬고 힘을 되찾는다. 또 다른 힘든 일, 다른 종류의 더 위협적인 일이 아직 남아 있다. 늦겨울에는 새를 이곳까지 나른 22개의 날개깃이 모두 동시에 빠질 것이다. 그러고 나면 날려고 해도 아래로 떨어진다. 그들은 완전히 새로운 날개깃을 자라게 하는 데 에너지를 쓰며 천천히 헤엄을 친다.

여름에 대담하고 멋졌던 모습은 사라졌다. 표류하는 겨울 아비새는 조용해진다. 이들은 우리가 봄과 여름 내내 보았고 들었던 깜짝 놀랄 만하고 황홀한 새가 아니다. 그저 회색빛 파랑 위에서 까닥거리는 약하고 작은 회색빛 새일 뿐이다. 그들은 한 계절 전에 자신이 어떤 새였는지 기억할까, 혹은 그 다음 어떤 새가 될지 상상할 수 있을까? 아무런 신호도 주지 않는다. 그들은 잠잠히 파도를 타고 거의 보이지 않는다.

대림절 10

송장개구리

연못으로 가는 길 어딘가에 내가 그 개구리를 거의 밟을 뻔했던 곳이 있다. 나를 비난할 사람이 있을까? 그 개구리는 색깔과 모양이 정확히 낙엽, 잔가지, 잡초 같아서 특히 뱀의 눈에 띄지 않을 모습이었다. 내 부츠가 그 개구리에게 닿기 직전에 나는 그를 보았다. 그가 더 깊은 잎 덮개 속으로 돌진했기 때문이다.

9월의 일이었다. 다른 해에 떨어진 잎들이 땅을 덮고 있는데, 모두 송장개구리 색깔이다. 그리고 그 잎들 위로 8센티미터 가량의 눈이 쌓여 있다. 내가 투시 능력으로, 잎 한 장 아래에 송장개구리가 자신이 파 놓은 얇은 침대에 앉아 있는 것을 볼 수 있었다면, 잎과 눈으로 된 담요 아래까지 닿을 수 있었다면, 그 개구리는 내게서 뛰어 달아나지 않았을 것이다. 나는 개구리를 딱 맞는 옷 같은 내 손바닥에 놓고 그 턱을 가로질러 그려진 강도의 가면을 찾아낼 수 있었을 것이다. 햇빛을 받아 누렇게 변한 그 개구리의 배를 쓰다듬을 수 있었을 것이다.

개구리의 태양이 사라졌기 때문이다. 개구리의 동맥과 정맥은 얼어붙은 수로이고, 세포 사이의 공간은 얼음 결정으로 가득하다. 여름에 탄력이 있던 피부는 바삭바삭하게 변했다. 심장은 돌처럼 잠잠하다. 뇌에서는 가장 약한 전류도 타닥거리지 않는다. 그런데 그 개구리는 죽지 않았다.

그 개구리는 과학자들이 '극도의 내성이 있는'이라고 부르는 상태다.

그 내성이 온전한 시험대에 오르게 전 개구리에게는 두 주 정도 연습할 시간이 있었다. 늦가을 어두워진 후 온도가 처음으로 영하로 떨어졌을 때, 개구리는 한기가 스며들어 그의 몸을 휘감아 모든 원자가 실신하는 것을 느꼈다. 습기가 있는 것은 무엇이든 얼음으로 변했다. 그러나 먼저 그의 간이 일렁거리며 걸쭉한 설탕 시럽을 세포들에 보내어 불룩하게 만들어서, 세포들이 체내 동상으로 붕괴되지 않도록 지켜 주었다.

다음 날 따뜻해진 햇살 속에서 깨어 숨을 깊이 들이마시자 피가 끈적끈적한 강처럼 움직이고 세포벽은 다시 미끈거리고 축축해진다. 그리고 그날 밤 빛이 사라지고 기온이 다시 떨어지자, 냉기가 다시 그의 모든 생기를 정지시킨다. 그 개구리의 세상 그리고 그 세상 안에 있는 개구리가 검은색으로 바랬다.

그리고 아침 햇살과 함께 돌아왔다. 빛이 들어오고 나가면서, 녹고 얼면서, 그 송장개구리는 공기 분자의 가속과 냉각에 박자를 맞춘다.

어느 날 개구리가 깨어나지 않았다. 아침 공기가 밝아졌음에도 따뜻해지지 않았고 얼음 같은 추위는 그대로 있었다. 그래서 그 개구리는 정확히 그 환경에 맞추어 언 채로 있었다.

그 리듬이 변할 때까지 지금도 앞으로도 그럴 것이다. 공기가 따뜻해지면 그 역시 1월의 해빙기에 하루 혹은 며칠 동안만 따뜻해질 것이다. 개구리는 자신의 잎 침대에서 건강하게 남아서 뻣뻣한 다리를 뻗을 것이다. 그러고 나서 늘 그렇듯이 추위가 다시 오면 다시 자신을 죽은 것이나 다름없이 둘 것이다.

연못과 개구리의 피의 얼음이 사라지고 다시 돌아오지 않는 따뜻한 봄날이 올 것이다. 그때 그 개구리는 다른 송장개구리 수십 마리와 함께 연못으로 뛰어들며 짜릿한 합창을 부를 것이다. '죽음, 우리는 그대의 파멸을 도둑질하고, 그대를 받아들였소.'

대림절 11

아메리카너구리

어느 여름 아침 동이 틀 무렵 산책을 하다가, 어미 너구리가 새끼 두 마리를 데리고 작은 개울가를 따라가는 것을 지켜보았다. 새끼들은 꾸물거렸다. 엄마는 짜증을 내는 듯한 소리로 그들에게 칫칫거렸다. 엄마는 해가 진 이후 새끼들을 데리고 나와, 통통한 블랙베리와 오디가 자라는 곳을 보여 주고, 땅 속 지렁이 소리를 듣고 그것을 파내는 법, 민첩한 손가락을 사용하여 개울 속 바위들을 뒤집고 아래에 있는 재빠른 가재를 잡는 법을 보여 주었다. 아마 엄마는 피곤했을 것이다. 배도 불렀을 것이다. 그리고 잠자는 굴로 가는 길에 새끼들이 늑장을 부리고 있었을 것이다.

늦봄에서 가을까지 매일 밤 엄마는 그들을 데리고 이 물건 찾기 게임을 하며, 세상이 너구리에게 제공하는 수백 가지 먹거리를 보여 주었다. 심지어 감자튀김과 초콜릿 케이크까지 말이다. 그런데 이는 때로 자물쇠를 풀고 쓰레기통 뚜껑을 열어야 한다는 의미임을 즐겨야 한다. 아메리카너구리는 아마도 지구상에서 먹는 데 가장 까다롭지 않은 동물일 것이다.

혹독한 계절이 오고 있음을 감지하면 그들은 그 긴 메뉴에서 빠르게 살을 찌워 줄 음식을 고른다. 그들의 몸은 등과 엉덩이를 따라 새로운 지방을 쌓아 둔다. 꼬리도 밀도 높은 지방 튜브가 된다. 그리고 그들의 살과 함께 털도 더 두꺼워진다. 이 모든 것은 차가운 바람이 불 때, 등 쪽의 지방 담요 아래로 머리를 밀어 넣고 몸의 앞부분을 접은 다음, 동그랗게 만든 몸을 무거운 꼬리 띠로 감싸서 자가 단열이 되는 털뭉치가 되게 하려는 것이다.

여름에 엄마 너구리는 밤 트레킹 거의 끝에 찾은 보호되는 자리 아무데서나 새끼들을 재운다. 겨울에는 조금 더 전략적이다. 엄마는 새끼들의 털뭉치에서 빠져나가는 체온을 붙잡아 둘 아늑한 장소로 그들을 밀어 넣는다. 나무 속 구멍이 좋다. 그러나 숙면을 취하는 마멋에게 아주 적합한 마멋 굴이나 굴뚝도 쓸 만하다. 너구리는 먹이의 경우에 그랬듯 즉흥적으로 행동하고, 상황에 맞추고, 장소와 시간을 최대한 활용한다.

개울은 여전히 흐르지만, 그 옆에 있는 눈을 헤치고 걷는 너구리는 없다. 아마도 엄마는 근처 큰 나무 안에, 두 마리의 작은 둥근 털뭉치 새끼와 함께 있을 것이다. 사촌들이 여유 공간 난방기로 합류할 수도 있다. 기온이 영하로 떨어지면, 추위가 여러 주간 지속되더라도 그들은 기꺼이 밤낮으로 잔다.

그러나 그들은 나만큼 숙면을 취하지 않는다. 나무 몸통을 날카롭게 두드리는 소리나 개 짖는 소리가 그들을 깨울 수 있다. 그들은 선잠을 자며 포식자들을 경계하지만, 경계에는 대가가 있다. 너구리들은 동면하는 동물들보다 자신의 지방 담요를 더 빨리 태운다. 그래서 따뜻한 공기가 그들의 나무 구멍으로 감돌면, 너구리 가족은 밤 외출을 위해 잠에서 깬다. 따뜻한 밤에는 먹이를 찾으러 나가도 지방이 그리 많이 타지는 않을 테고, 그들이 찾은 식량이 가늘어진 등에 충전재를 더할 것이다. 너구리들은 어두울 때 머리부터 나무 몸통 아래로 땅으로 내려간다. 눈 덮개 때문에 채집은 빈약하다. 그러나 너구리들은 영리한 손가락들로 채집하고 파고 냄새 맡고 귀 기울이며, 춥고 어두운 세상이 제공하는 것은 무엇이든 기꺼이 가져가서 먹는다.

대림절 12

갈색박쥐

암흑 속으로 돌진하는 그들이 전속력으로 급선회를 하며 재빠르게 돌더니, 공중에서 멈추어 옆으로 비켜선다. 아마도 재미로, 그리고 분명 저녁 연못 위에서 윙윙거리는 벌레를 잡아채기 위해서일 것이다. 가을이 와서 빠르게 냉각된 공기는 박쥐들이 먹는 이 생명체들을 조용하게 만든다. 갈색 박쥐들 역시 냉기를 느낀다. 가장 체중이 많이 나가는 9월에도 박쥐들은 등뼈가 있는 다른 어떤 동물보다 빠르게 체온을 잃는다. 그러나 온기와 벌레들이 풍부한 기후를 향한 마라톤 같은 비행은 그들을 죽일 것이다. 그래서 대신 가장 가까운 동굴이나 버려진 광산처럼, 일 년 내내 기온이 서늘하기는 하지만 최대한 신뢰할 수 있는 곳을 찾는다.

수컷이 먼저 도착한 다음 암컷이 새끼들과 함께 온다. 박쥐들은 4월 이후 흩어졌다가 거대한 박쥐 회합에서 재결합한다. 무려 25만 마리가 동굴 입구에서 떼를 지어 며칠 동안 해가 뜰 때부터

질 때까지 날아 들어왔다 나갔다 한다. 이는 인사, 구애, 짝짓기를 하며 선회하는 춤이다.

할 일을 다 하면 그들은 안으로 날아와, 기온이 변함없이 화씨 42도(섭씨 5도)에서 45도(섭씨 7도)인 방을 찾는다. 박쥐들은 몸을 거꾸로 돌려 발로 바위에 난 혹을 움켜잡고 날개를 접는데, 피부 세포막은 가장 얇은 실크보다도 더 얇다. 그들은 동굴의 반구형 지붕을 따라 조금씩 움직이며 떠밀고 밀착하여 윤이 나는 갈색 모피 목도리처럼 된다. 수컷과 암컷, 나이든 박쥐와 어린 박쥐, 일부 다른 종들, 많은 박쥐가 열을 공유하는 한 몸으로 혼합된다.

갈색박쥐는 쉴 때도 한 몸 안에 끼워져, 평상시 개인 생활을 유지할 수 없다. 박쥐는 제각기 표준적인 삶을 급격하게 재조정해야 한다. 박쥐들은 함께 아주 조용히 매달려, 안정된 심장 박동을 분당 400회에서 20회로 늦춘다. 48분이 되면 그들은 완전히 호흡을 멈출 것이다. 추운 봄밤 박쥐들은 작은 무리로 나무나 처마 밑에 옹기종기 모여 있다가 날이 따뜻해질 때 깨는, 자기를 보존하기 위한 쉼을 연습했다. 이제 무리 전체가 단순한 쉼을 지나 깊은 휴면 상태로 빠진다. 화씨 60도(섭씨 15도) 아래로 내려가면 각 박쥐의 몸은 동굴 공기만큼 차가워진다. 물방울이 그들의 털에 농축된다. 그들은 반짝거리는데 죽은 것처럼 보인다.

그러고 나서, 오로지 몸 내부의 급탄기 같은 것의 자극을 받아, 30분 안에 그들의 몸 용광로에 날 수 있는 열기를 다시 공급해 줄 수 있다. 이 일은 3주마다 일어난다. 박쥐들은 갈증을 느낀 채 잠시 깨어 그들의 털에 붙은 물방울을 홀짝인다. 그들의 바스락거림이 옆에 있는 박쥐를 깨우고 그들이 또 그들 옆에 있는 박쥐들을 깨운다. 이내 동굴은 타악기 합주 소리로 가득하다. 박쥐들은 세포 조직에서 독소를 씻어내며 몇 시간 날아다닌다. 그런 다음 털로 덮인 덩어리로 돌아가 자리를 잡고 다시 정적에 빠져 무의식이 되기 직전 멈춘다.

그들 동굴의 공기는 변하지 않는다. 그러나 어느 날 그 박쥐들 안에 있는 어떤 신비로운 무언가가 '봄이야'라고 속삭인다. 정찰병들이 사실인지 확인하기 위해 밖으로 날아간다. 그들이 소식을 가지고 돌아오고, 나머지는 6개월의 단식 후 여위고 굶주린 채 신선한 바람 속으로 흩어진다. 그러나 그들의 모든 감각이 그 위치를 알아채기 전 상태는 아니다. 추위가 다시 박쥐들을 위협하면, 그들은 함께한 장소를 기억하고 돌아올 것이다.

대림절 13

주머니쥐

그는 여기 있어서는 안 된다. 가끔 밤에 내려가 음식 냄새를 맡는 지하실 창문 앞 공간도 아니다. 미시간도 아니고, 겨울 기온이 여러 날 계속 영하로 내려가는 다른 주도 아니다. 우리는 갈고리가 두 개인 걸쇠에 잡힌 그 주머니쥐를 들어올렸다. 우리가 그 문을 열자 그 주머니쥐는 빠르게 뒤뚱뒤뚱 숲 속으로 걸어갔고, 나는 그에게, 그의 생존의 경이로움에 고개를 숙였다.

　이와 다르지 않은 주머니쥐들은 공룡이 죽는 것을 지켜보았다. 그들은 그렇게 오래되었다. 그리고 열대 지방에서 생긴 이후로 많이 진화하지도 않았다. 북부의 겨울 추위는 거의 모든 부분에 상처를 남길 것이다. 꼬리 끝부분이 사라지고 귀가 너덜너덜해진다. 주머니쥐의 털이 없고 맨살인 꼬리와 귀는 금세 서리의 공격을 받아 일부가 떨어져 나간다. 이는 그 동물이 갑작스러운 한파에 안쪽에 잎을 쌓은 굴 안에 머물면 조금 덜 일어날 것이다.

주머니쥐는 노력한다. 그러나 추위가 사나흘 이상 계속되면 배가 고파 나가지 않을 수 없다.

주머니쥐는 여름과 가을 내내 체지방을 보태기 위해 살아 있는 것이든 죽은 것이든 거의 모든 것을 먹으며 최선을 다했다. 그러나 너구리나 스컹크와 달리 추위와 눈이 올 때, 주머니쥐는 신진대사가 느려지지도 않고 지방을 더 천천히 태우기 위해 잠을 잘 수도 없다. 사실 그의 용광로는 초과근무를 하며 지방을 더 빨리 태운다. 그리고 한번 식량을 찾았던 곳을 기억하는 면에서 쥐나 개보다 더 능숙하기는 하지만 그것을 집으로 가져와 저장하지는 않는다.

그래서 주머니쥐는 지방 연료를 보태기 위해 나가야 한다. 느리고 변장도 하지 않는 그는, 이빨을 다 드러낸 위협적인 쉿 소리 외에는 방어 수단이 없다. 주머니쥐는 거의 죽을 것처럼 무서워한다. 즉 쓰러지고, 의식을 잃고, 위협자가 싫어할 수도 있고 아닐 수도 있는 유독한 녹색 점액을 내뿜는다. 물론 그는 가장 어두운 밤에 나가고자 한다. 그러나 그때는 가장 추울 때다. 그리고 주머니쥐가 입은 코트는 꼬리와 귀와 발가락은 감싸지 못한다. 그것은 사실 전혀 겨울 코트가 아니다. 그 코트는 단열을 해 주는 피부에 붙은 솜털도 없고, 눈이나 진눈깨비를 물리칠 진짜 보호 털도 없다. 기온이 화씨 20도(섭씨 영하 7도) 아래로 내려가면 주머니쥐는 더 빨리 얼 것이다. 한동안 밤에 그보다 더 추워지면 그는 기다리는 위험을 감수할지도 모른다. 아니면 낮에 해가 떠 따뜻해질 때, 그리고 포식자들을 위해 해가 그를 비춰 줄 때 음식을 먹으러 나가는 쪽을 택할 수도 있다. 어느 쪽이든 도박이다. 어둠 아니면 따뜻함, 어느 쪽이 더 유리한 조건일까? 주머니쥐는 홀로 결정을 내린다. 수줍음 많고 고독한 그는 온기를 나누는 작은 위안조차 없이 굴 속에 있다.

주머니쥐는 우리가 있기 때문에 눈 덮인 겨울에 이곳에 있다. 그의 조상들이 개척자들과 함께 북쪽으로 조금씩 움직이기 시작했다. 사람들이 굴보다 더 따뜻한 주거지인 곳간, 창고, 차고, 지하실, 다락을 짓는 곳에서, 우리가 정원을 가꾸고 쓰레기통—믿을 수 있는 먹이를 공급해 주는—을 내다놓는 곳에서, 주머니쥐들은 추위로 인한 불리함을 극복할 수 있다.

우리 뒤 숲에 있는 주머니쥐에게는 내 이웃과 내가 있다. 그 주머니쥐가 겨울에 적응하는 데는 우리가 가장 좋다. 그런데 그 주머니쥐가 내 창문 앞 공간에서 거의 죽을 뻔했다. 한 박물학자는, 우리가 꼬리로 주머니쥐를 그 공간에서 빼내어 지지하는 손을 그 등 아래로 밀어 넣었다면, 그는 싸우거나 탈주하려 하거나 달아나려 하며 으르렁거리지도 않고 몸을 비틀지도 않을 것이라고 알려 주었다. 주머니쥐는 한쪽 앞발로 다른 발을 움켜쥔 채 기도하는 것 같은, 간청하는 것 같은 자세로 우리 손에 자신을 맡겼을 것이다.

대림절 14

들칠면조

여름에는 습지 위 남쪽으로 경사진 비탈길에서 그들을 볼 확률은 50퍼센트 미만이다. 그러나 대림절 기간에는 해가 떠 있으면 거의 매일 아침 운이 좋다.

비탈길까지는 조금만 걸으면 되고, 보통 그들을 보기 전에 그 무리의 소리를 듣는다. 내게 그 소리는 한 배에서 난 작은 강아지들이 몸싸움을 벌이는 소리처럼 들린다. 박물학자들은 고양이 소리를 듣고 그 소리를 꼬꼬댁-그르렁(cluck-purring)이라고 부르긴 하지만 말이다. 암컷 열 마리가 활엽수림을 지나며 늘어진 긴 목으로 앞 쪽으로 활보하고 있다. 더 어린 녀석들과 나이 든 수컷들은 다른 데서 그들끼리 무리를 이루고 있다. 엎어지면 코 닿을 거리에서 암컷 한 마리가 나를 보고 꽥하고 비명을 지른다! 그리고 열 마리 모두 갑자기 달린다. 막대기들 위에서 균형을 잡고 있는 부풀린 주름상자처럼 보이는 생명체들에게는 놀랍도록 빠른 속도다. 내가 뒤쫓아 가까이 다가간다 해도, 그들은 넓은 날개를 확 펼치고 우듬지로 뛰어들어 나를 내려다보며 '풋풋' 하며 경보음을 낼 것이다. 어른 칠면조들이 만만찮은 천적에게 시달리지 않는다는 것은 놀랄 일이 아니다.

    영하의 추위도 그들을 괴롭히지 못한다. 그러나 쌓이는 성질이 있는 눈은 정말 위협이 된다. 눈은 칠면조들이 그들의 용광로에 넣어 빠르게 태울, 도토리, 너도밤나무 열매, 히커리 너트 등의 고에너지 음식을 덮어 버린다. 지금은 그 눈이, 아직 얇긴 하지만 그들의 견과류 수색을 조금 방해한다. 칠면조들은 길고 튼튼한 네 발가락을 가진 발로 그것을 옆으로 치우고 아무 것도 덮여 있지 않은 견과들을 꿀꺽 삼킨다. 이 비탈에 견과들이 많이 있어서, 이들은 겨울에 이곳에 모여 위쪽 커다란 떡갈나무와 너무밤나무 나뭇가지에 앉아 있다. 또 이 새들은 그 비탈이 남쪽으로, 태양 쪽으로 기울어 있기 때문에, 땅에 떨어진 견과를 덮은 눈이 더 빨리 녹을 것을 안다. 칠면조들은 약삭빠르게 겨울 집을 위해 이 특별한 터, 그들의 일상적인 범위를 작은 터로 줄였다.

    이곳에 있는 또 다른 이유가 있다. 몇 주 안에 이 남쪽 비탈에도 눈이 그들의 넓적다리 높이만큼 쌓인다. 칠면조들은 매일 우듬지에서 그 수치를 측정한다. 넓적다리 깊이, 헤치고 가지 못할 깊이다. 새들은 꽥꽥거리며 서로에게 신호를 보내고 습지 가장자리까지 45미터 가량을 내리막길로 나아간다. 그곳, 더 따뜻한 지하수가 지표면으로 거품을 내며 흐르는 지역, 그 습지는 겨울에 갓류 식물과 양치식물로 만든 자연 그대로의 샐러드를 재배한다. 습지의 녹색 채소는 칠면조 내장에서 열을 거의 발생시키지 않지만, 이곳에 있는 것이 그런 것들이다.

    칠면조들이 좋아하는 것은 해빙이다. 땅을 드러낼 만큼 되지 않는다면, 다시 얼어 걷기에 적합한 딱딱한 층을 형성하면 된다. 그들은 조심조심 지면을 검사한다. 만약 그 지면이 90미터 가량 야생 들판으로 빠른 걸음으로 가게 해 준다면, 공기가 따뜻해져서 딱딱한 지면이 무너져 그들에게 족쇄를 채우기 전에 언제나 숲으로 급히 돌아올 준비를 한 채, 부리로 열심히 매자나무 열매, 감탕나무 열매, 산사나무 관목을 주워 모은다.

    눈이 녹지 않으면, 눈이 두껍게 내리고 날리면, 이 장소는 그들에게 마지막 한 가지 의지할 것을 제공한다. 칠면조들은 습지에도 전나무들이 있고, 전나무 가지들이 그 아래에 앉을 수 있도록 축축하지 않고 바람에 날리지 않는 튼튼한 덮개를 제공하는 것을 보았다. 그들은 함께 한 주 이상 몸을 부풀린 채 앉아 체지방을 태우며, 서로를, 특히 가장 가벼운 가장 어린 새를 안심시킨다. '우리는 함께 바로 여기서 이 충분한 장소에서 오래 살 수 있어.'

대림절 15

얼룩뱀

9월에 바위 위에 널브러진 뱀은 태양에서 여름의 힘이 빠져 나가는 것을 느낀다. 뱀은 얇은 맨살을 통해, 공기에서 그리고 느슨한 에스(S)자 모양을 한 그 몸에서 서서히 온기가 사라지는 것을 감지한다.

한 주 후 나는 그 뱀이 자갈길을 가로질러 미끄러지듯 나아가는 것을 보았다. 이제 태양은 그의 몸을 데우는 것 외에, 이 얼룩뱀의 나침반이 된다. 얼룩뱀은 엄지손가락 크기의 머리를 하늘 쪽으로 들어올리고, 기억하는 목적지 쪽으로 가는 방향을 찾는다. 그리로 가는 도중에는, 지난해 이동할 때 주목했던 주요 지형지물, 곧 이 떡갈나무 그루터기, 저 바위 등을 찾을 것이다. 그 뱀은 앞서 가는 암컷들이 '이게 길이야'라고 확인해 주며 발산하는 냄새를 수집하기 위해 끝이 두 갈래인 빨간 혀를 재빨리 움직일 것이다. 기온이 하루 이상 영하로 떨어지기 전에 도착해야 한다.

그렇게 하지 않으면 그 뱀의 유연한 외형이 막대기처럼 뻣뻣하게 얼 것이다.

    뱀은 땅에 있는 특정 구멍에 집중하며, 1킬로미터, 2킬로미터, 기억하는 여행 경로를 따라 미끄러지듯 나아간다. 뱀이 다 그렇듯 이 얼룩뱀도 땅을 파는 도구가 전혀 없어서, 더 따뜻한 지하세계로 가는 문을 열기 위해 다른 생명체들 혹은 땅 자체를 의지한다. 그 뱀은 다가올 힘든 시기에 그의 필요를 채워 줄 수 있는 하나의 문, 하나의 굴을 안다. 그의 머리에 그리고 그 지역의 모든 얼룩뱀의 머리에 그곳으로 가는 지도가 있다. 태어나는 순간부터 홀로 사는 생명체들이, 가을에 그 지도를 따라 사방에서 스르르 기어온다. 수십, 수백, 심지어 수천 마리가 최상의 굴들에 모여든다. 뱀들은 따뜻한 날 땅 위에서 따로따로 햇볕을 쬐다가 추운 날 아래로 미끄러지듯 나아온다. 그런 날들에는 아무것도 먹지 않는다. 그들의 내장이 모든 음식 입자를 비우고 있다. 뱀들은 깨끗하게 겨울 감금에 들어가야 한다.

    11월 중순 이후로 서리가 그 뱀들을 지하 감옥에 가두었다. 다가올 몇 달 동안 서리가 스며들 1미터 깊이보다 더 깊은 방이었다. 물웅덩이와 음침하고 습한 공기는 뱀들의 피부를 유연하게 유지시켜 준다. 그들 안에는 부식될 음식이 없으므로 그들은 모든 소화를 멈추었다. 소화는 에너지를 태운다. 뱀들은 온도가 화씨 37도(섭씨 3도)와 39도(섭씨 4도) 사이인 방에 자리를 잡았다. 이는 몸의 에너지 흐름을 더디게 하고, 삶과 죽음 사이에서 완벽하게 균형을 잡아주는 온도다. 뱀들은 의식이 있다. 가능한 한 그들을 힘들지 않게 해줄 만큼만 의식이 있다. 필요할 때 물을 마시는 정도만. 혹독한 겨울의 서리가 더 내려가게 할 때 움직일 수 있는 정도만 의식이 있다.

죽음의 칼날 위에 있는 냉기는 얼룩뱀의 뇌에 있는 작은 분비샘에 일련의 변화를 일으킨다. 그 뱀은 자신의 지식 이상의 준비를 하고 있다. 그러고 나서 그 위의 땅이 따뜻해지면 신호를 받는다. 몸을 사릴 계절은 지났다. 그 및 그와 함께한 아주 많은 뱀이 땅의 어두운 층들을 지나 미끄러지듯 위로 움직여서 구덩이에서 벗어나, 몸부림치는 공 같은 서로를 향해 쓰러지며 짝짓기를 한다. 굶어 죽을 것 같은 얼룩뱀들이 서둘러 홀로 사냥을 하러 가기 전에 더 근본적인 생존 재촉에 순종한다. 뱀들은 번식이 일어나 생명이 풍성해지기를 열망하며 저축한 모든 것을 소비한다.

대림절 16

마멋

아래쪽의 복잡한 상황을 아는 나는 우리 정원 창고 앞에 무릎을 꿇고 그 문 아래에 있는 토굴에 대고 부드럽게 말한다. '잘 자 친구.'

토굴은 지하 동결 한계선보다 더 깊게 가파르게 아래로 내려간 다음, 아마 3층 건물 높이만큼의 긴 터널로 이어질 것이다. 그는 그 끝에서 머리를 뒷발 사이에 넣고, 풀과 잎들로 채워진 방에 파묻혀 있다. 깨어 있다면 아마 내 말을 들을 것이다. 그는 귀가 그 정도로 예민하다. 잠들었다면 틀림없이 듣지 못했을 것이다. 심지어 포식자가 그 긴 터널을 누비며 자고 있는 마멋을 붙잡아 흔들고 떨어뜨리고 물어도, 잠든 마멋은 축 늘어져 의식하지 못한 채 잘 것이다.

그것은 위협이 아니다. 자신의 굴 깊숙한 곳에 있는 마멋은 다른 입들에게 들킬 염려가 없다. 마멋이 피해야 하는 것은 굶주림이다. 겨울은 채식주의자 식탁을 말끔히 닦아 버렸다. 마멋은 깨

세상의 희망

어 있다면 굶어 죽을 것이다. 자는 동안은 에너지를 거의 쓰지 않는다. 너무 깊게 잠들어서 심장이 거의 뛰지 않고 몸은 거의 얼음 온도만큼 차갑다. 마멋은 무성한 여름 날 매일 1.4킬로그램 정도의 채소와 과일을 먹어 채운 지방을 더딘 속도로만 태운다. 깊은 잠을 자는 동안 굶주림이 완화된다. 그의 자산은 줄어들지만 소모되지는 않는다.

하지만 수확이 적은 대림절 한가운데인 지금 마멋은 깨어 있을지도 모른다.

마멋이 잠을 잘 때마다 정교하게 맞춰진 내부의 시계가 째깍거린다. 먹을 것이 풍부한 계절에는 그 시계가 그를 깨워, 예측 가능한 24시간 주기에 맞추어 자도록 그를 돌려보낸다. 지금 그 시계는 마멋이 3일, 5일, 7일 동안 잠에 빠져들게 한다. 너무 깊은 잠이라 자아 부재에 이를 정도다. 이는 마멋을 보호해 주기도 하고 강하게 압박하기도 한다. 잠이 죽음을 마중 가는 시점, 신진 대사가 바닥 수준일 때면, 세포 침전물이 쌓이고 세심하게 유지되던 분자의 균형이 무너진다…그의 시계가 알람을 울리고 그를 끌어당겨, 화장실을 사용하고 몸의 화학 반응을 다시 조율할 만큼 충분히 깨도록 할 때까지 말이다.

마멋의 내부 시계 역시 깊은 잠의 스트레스에 시달린다. 마멋이 깨어 있는 동안 그 시계는 시간을 다시 맞춘다. 마멋이 다음

번 자는 동안 몸 화학 반응이 다시 불안정해질 때 알람이 확실히 그를 깨우도록 말이다. 또 그의 시계와 그 지역의 모든 마멋의 시계가 계속 더 큰 리듬에 흡수되어 있도록 시간을 다시 맞춘다. 깨고 자는 주기가 얼마나 길든 짧든, 공동체 전체는 땅 자체의 주기에 시계를 맞추고 작은 기회의 창에 대비한다.

2월 중순이 되면 내 창고 아래 있던 수컷과 동료 마멋이 모두 잠에서 깨어나, 이번에는 굴에서 기어 나와 아직 번식이 일어나지 않은 세계로, 암컷들의 집을 찾아간다. 수컷들이 그 집으로 들어가 수컷과 암컷 들은 서로를 익히지만 짝짓기는 하지 않는다. 창이 아직 없다.

그들의 시계는 마멋들을 각자의 굴로 돌려보내어 다시 자게 한다. 그 시기의 마지막 알람이 '지금이다'라고 신호를 보낼 때까지 말이다. 지금이 짝짓기를 할 때다. 태어날 새끼들이 세상의 채소가 풍성해지는 바로 그 순간에 이유식을 시작하게 하기 위해서, 새끼들이 자야만 하기 전에 먹고 체중을 늘릴 가능한 모든 시간을 갖게 하기 위해서, 다음 겨울 깨어날 때 살아남을 만큼 튼튼해지게 하기 위해서다. 그러고 나서 어느 봄날 이 어린 마멋들 역시 수명이 짧은 창 안으로 깨어나 그들 모두를 지속 가능하게 해주는 우아한 리듬을 물려줄 것이다.

대림절 17

줄무늬스컹크

스컹크는 시력이 좋지 않기 때문에, 또 나는 모기가 빽빽한 아침에 숲 가장자리에서 바람을 맞으며 가능한 한 가만히 서 있었기 때문에, 그 암컷에게는 영혼처럼 실체가 없었다. 실체가 있었던 것 그리고 중요한 것은 잎사귀에 있는 재빠른 귀뚜라미였다. 암컷 스컹크는 끝부분이 분홍색인 코로 그 낙엽을 찔러 한 쪽으로 젖힌 다음 덮쳤다.

   10월 하순의 아침 해는 이미 떠 있었는데, 그 암컷 스컹크는 낮에 잠을 자기 위해 빈 통나무나 그루터기로 철수하지 않았다. 나는 이렇게 생각했다. '스컹크는 안다. 눈과 추위가 올 것을 안다. 살찌는 것이 시급해서 늦게까지 사냥을 하고 있다.'

   아니면 밤 식사 시간의 일부를 10월에 해야 할 다른 긴급한 일인 보금자리 준비에 할애했기 때문에 그날 아침 늦게 나왔을지도 모른다. 스컹크는 한 해의 다른 모든 기간에는 땅 위의 왁자

지껄한 가운데서 잠을 자지만, 추운 계절에는 생존 감각에 따라 더 깊이 들어간다. 그 가을 밤 스컹크는 잎들과 풀을 함께 긁어모아 아래 마멋 굴에 밀어 넣은 다음 능숙하게 침대를 만들었을 것이다. 마멋이 거기 있든 없든 상관없다. 유순한 그 암컷 스컹크는 기꺼이 마멋과 굴을 공유하고, 깨어 있든 잠을 자든 수컷 마멋은 굴 반대쪽 끝에 있는 그의 방에 머물고 나머지는 스컹크에게 맡긴다. 그 스컹크의 자매들에게도.

조용한 영혼인 그 스컹크는 혼자 혹은 새끼들과 함께 세상으로 나가는 것을 좋아한다. 그러나 겨울이 와서 어깨가 얼기 시작하면 타협을 한다. 암컷 스컹크는 나뭇잎과 풀을 한가득 긁고 밀어 정확히 자신이 좋아하는 보금자리를 만들었을 것이다. 그러나 11월 하순이 되면 그 스컹크는 완벽한 침대를 비워 두고 다른 암컷 셋 혹은 다섯 혹은 아홉 마리와 그들 중 하나가 만든 보금자리에 합류한다. 중요한 것은 누구의 보금자리냐가 아니라 함께하는 것이다.

대림절 한가운데인 지금쯤 함께 굴 속에 있는 스컹크들이 검은 털로 된 한 개의 공처럼 동그랗게 몸을 말면, 그 사이로 흰색 줄무늬가 물결을 일으킨다. 거의 모든 밤에 그들은 잠시 깬다. 두어 마리가 굴 입구로 가서, 눈으로 막혀 있지 않으면 분홍색 코를 매서운 공기 속으로 쑥 내민다. 그러나 곧 모두 다시 공 모양이 되어 수면의 사다리를 오르락내리락 한다.

 살찐 스컹크는 그 사다리의 위쪽 가로대 쪽에 계속 있다. 더 여윈 자매들은 사다리 아래쪽으로 더 깊이 들어가서 그곳에서 더 오래 잠을 자야 한다. 지방을 덜 태우지만 그들 몸의 조직을 압박하면서 말이다. 두툼하거나 말랐거나 각각이 자신의 열을 다른 이들과 공유하므로, 공이 된 모두는 혼자라면 태워야 할 지방을 아낀다. 지방은 각자가 지하에서 가진 유일한 식량이다. 옹기종기 뭉쳐 있으면 자신이 가진 것이 더 오래 간다. 그리고 그것은 혼자만의 삶을 지속하기 위해서가 아니다. 겨울이 끝날 때 그 암컷 스컹크가 빚어내고자 하는 몇몇 새 생명은, 그 암컷이 그대로 잘 남아 있다면 그 암컷을 붙잡고 그 안에서 성장할 수 있다.

 그러므로 한 해의 나머지 기간에는 홀로 있다가 이곳에서 그 암컷은 다른 이들 사이로 들어가 몸을 포갠다. 90일, 100일, 겨울이 울부짖는다. 각자의 몸이 오그라들면서 그들은 더 여윈 몸으로 공을 더 단단히 둘러싸고 함께 품은 온기에 기댄다.

대림절 18

호저

낮의 빛이 사라지고 있긴 하지만, 몇 센티미터 새로 쌓인 싸라기눈 사이로 보이는 건 호저의 꼬리가 틀림없다. 발을 질질 끄는 그의 짧은 걸음걸이에다 뒤에서 뽐내는 듯한 꼬리가, 두툼한 뱀이 여물통 사이로 스르르 기어가는 것처럼 보이는 물결 모양의 발자국을 남긴다. 꼬리는 꽤 큰 너도밤나무 기슭에서 멈춘다. 나는 꼭대기에 있는 그 호저가 보일 때까지 고개를 뒤로 젖히고 또 젖혔다. 그리고 망원경을 통해, 털로 덮인 전신 파카를 입고 내다보는 데 집중하고 있는 작은 얼굴을 보았다.

 호저는 한여름에 그 엄청난 이중 코트를 키우기 시작했다. 얼굴과 옆구리와 등에서 사방으로 뻗은 하얀 술 같은 긴 머리카락과 빳빳한 깃은 진눈깨비와 눈을 빨아들여 그의 잔털을 건조하게 유지시킨다. 피부에 붙은 부드럽고 보송보송하고 두툼한 이 아래

층이 겨울바람의 끌어당기는 힘에 맞서 체온을 유지시킨다. 밤에는 대개 높은 나뭇가지들을 타고 흔들흔들할 텐데, 그의 섭씨 36.5도 중심부는 내가 침대에 있는 것만큼 따뜻할 것이다.

호저는 흔들거리는 것을 타기 위해 그곳 위에 있는 것이 아니다. 먹이를 위해 그곳에 있다. 그는 따뜻한 입 안으로 추위가 들어오지 않도록 네 개의 긴 주황색 앞니 뒤로 입술을 다문 채, 반복해서 삼각형을 그리며 한 치도 놓치지 않고 나무껍질을 긁는다. 그런 다음 입을 길게 벌리고 이빨로 나무의 섬유질을 잘게 부순다. 나무껍질에는 영양분이 많지 않다. 그러나 호저의 내장은 그것으로부터 구할 수 있는 모든 영양소 원자를 얻는 데 적응했다. 호저 쪽으로 몸을 기울려 본 이들은, 겨울에 호저는 오래된 톱밥 냄새를 강하게 풍긴다고 말한다.

이러한 놀라운 소화력에도 불구하고 겨울의 나무 식단은 호저를 고갈시킬 것이다. 여름과 가을 내내 그는 손실을 막으려고 싹과 잎과 견과로 살을 찌웠다. 그러나 더 두툼한 몸 주위로 더 두툼한 코트를 키우는 것 외에 호저는 이웃들의 보호 조치 중 어느 것도 취하지 않는다. 잠을 깊이 자지도 않고, 지하로 물러가거나, 따뜻한 둥지를 만들지도 않는다. 먹이를 챙겨 두거나 다른 이들과 옹기종기 모여 있지도 않는다. 오히려 겨울에 가장 추운 장소와 시간에, 즉 밤에 나무 꼭대기에서 몸을 노출시킨다.

동이 트기 전 호저는 꼬리 가시들을 아이젠처럼 쓰며 나무 꼭대기에서 아래 나무 몸통 쪽으로 조금씩 내려온다. 야간 작업 후 그의 다부진 다리가 눈 속을 훨씬 더 천천히 헤치며 걷는다. 집까지는 짧은 여정이다. 눈 속 여행으로 몸이 많이 힘들어졌으므로 겨울 집은 약삭빠르게 선택했다. 그 호저가 오늘 밤에 먹는 너도밤나무는 너도밤나무 군락에 있는 나무로, 그 중에 사탕단풍나무 몇 그루도 섞여 있다. 호저는 그 사탕단풍나무도 먹을 것이다. 이곳은 그의 겨울 식품 저장실이며, 거기서 180미터 내에 속이 빈 떡갈나무가 있다. 앞쪽 현관에 있는 두꺼운 배설물 매트는 그 떡갈나무가 자신의 것임을 표시한다.

  바람은 피하지만 둥지의 안락함은 없는 안쪽에서 호저는 겨울 휴식 자세를 취한다. 똑바로 앉아, 온기가 새어 나가지 않도록 엉덩이에서 털이 없는 부분을 그 아래로 집어넣는다. 그리고 앞다리는 털이 드문드문 있는 가슴 가까이로 접고 넓은 뒷다리는 안쪽으로 돌린다. 털이 드문드문 있는 배를 보호하기 위해서다. 나무의 어둑한 중심부에 자리 잡은 고독한 금욕주의자인 호저는, 눈을 감고 몸을 웅크려 열을 내는 자신의 중심부로 따뜻함을 유지한다.

대림절 19

동부반딧불이

내 이웃들은 그들의 층층나무에 작은 백색 등을 여러 개 매달았다. 그 등은 작동시키면 힘차게 깜박거린다. 그 여러 개의 등을 보니 여름에 그 나무 주위와 우리가 볼 수 있는 마당 전체를 가로지르며 위 아래로 움직이다 가라앉는, 야생의 빛이 그리워졌다. 더 따뜻한 연두색의 살아 있는 빛들은, 눈부신 마침표와 급습하는 느낌표로 어둠에 구두점을 찍어, 우리가 분석할 수는 없지만 기쁨을 전한 문장들을 마무리한다.

7월과 8월의 반딧불이들은 우리의 넋을 완전히 빼놓고 며칠 후 죽었다. 그것은 그들을 빛나게 한 짝짓기 춤이었다. 알들이 수정되어 땅에 심기면, 빛을 발하는 짧은 성체의 삶의 목적이 완수된다.

그러나 그들의 빛은 사라지지 않았다. 땅 밑에서 지나가는 벌레나 두더지가 톡톡 치거나 부딪치면 그 알들은 희미한 빛으로 응답한다. 약 두 주 후 알에서 투명한 붉은 눈의 유충이 나왔다. 여섯 개의 다리와 두 개의 더듬이를 가진 아주 작고 벌레 비슷한 그 유충은 알에서 나온 순간 이후로 끊임없는 부드러운 빛을 발한다.

12월에 나는 깜박거리는 층층나무 옆에 서서, 내 발 한참 밑에서 여전히 빛나고 있을 그들에 대해 생각한다. 그들은 밤에 이곳 어두운 땅 사이를 기어 다니고 있다. 부화되었을 때 작은 빵 부스러기 크기인 그들이 입에 독소를 장착했다. 독소는 그들을 강하게 만들어 주고, 지렁이처럼 몇 배나 큰 연체동물들도 마비시키고 용해시켜 마실 수 있게 해 준다.

유충들은 먹이를 먹을 때 자신보다 커진다. 여러 번 그렇게 된다. 유충은 껍질 안에 끼면 그것을 벗겨내고 또 다른 껍질을 키운다. 곧 그 껍질은 가두고 떠나야 한다. 자신을 덮은 새로운 막이 자리 잡는 데는 시간이 걸린다. 유충은 연하고 벌거벗은 채 있지만 여전히 빛을 발하고, 그들의 약한 빛은 그들을 먹는 것은 치명적인 실수일 것이라고 포식자들에게 경고한다.

거의 한 해 동안 반딧불이 애벌레는 이 남 모르는 삶을 사는데, 보이지 않고 나중에 그들이 될 생명체와는 전혀 다르다. 이번 겨울 후반 서리 때문에 그들은 지하로 더 들어가야 할 것이다. 그러나 어디서든 그들의 목적은 동일하다. 먹고 자라고, 먹고 자라는 것이다. 이곳에서 12월 중반, 벌레 비슷한 존재로 살아가는 중간쯤 그들은 정지한 채 오로지 커지는 데만 몰두한다. 늦봄에 되면 각각 층층나무에 매달린 작은 조명 하나의 절반 길이로 자랄 것이다.

유충이 다 자랐다고 감지하면, 흙 속에 자신을 위한 일종의 진흙 동굴을 만든다. 유충은 그 동굴 안에 누워 빛을 내며 정지해 있고, 그 동안 몸의 모든 부분이 녹고 다시 만들어진다. 유충은 10일 혹은 12일 후에 일어나는 변태를 준비하기 위해, 300일 이상 어두운 땅을 기어 다녔을 것이다. 전혀 벌레 같지 않은 다른 생명체가 동굴 밖으로 밀려나와 땅을 파헤치고 땅 위로 튀어나올 것이다. 그 생명체는 잠시 쉬었다 숨을 내쉰 다음 새로운 날개로 떠오를 테고, 오랫동안 숨겨져 있던 그 빛을 발산하며 여름철 긴 밤 내내 춤을 출 것이다.

대림절 20

목초지들쥐

숲으로 가려면 키가 큰 풀, 미역취, 과꽃, 엉겅퀴가 있는 밭을 헤치고 나가야 한다. 눈이 덮인 지금은 풀과 꽃들이 모두 갈색이고 잘 부러진다. 앞에 있던 내 강아지가 갑자기 멈춰 선다. 강아지는 앞으로 몸을 기울여 자신이 밟았을 눈밭을 응시한다. 그러더니 그 쪽으로 몸을 던진다. 우아하지 않은 반 다이빙이었고, 강아지는 주둥이 부분으로 가루를 파헤치며 바닥에 내려온다. 역시 귀가 예민한 목초지들쥐들이 먼저 강아지의 소리를 듣고 다시 달아났다.

표면적으로는 오로지 우리의 발걸음 때문에 그 밭의 눈이 부서진다. 그러나 그 아래에는 둥지, 공동 화장실 구역, 식당으로 이어지는 미로 형태의 터널이 뚫려 있다. 겨울에 들쥐는 포식자들에게서 그들을 숨겨 주고 가장 혹독한 날씨도 영향을 미치지 못하는 터널에서 거의 지면으로 올라오지 않는다. 조용한 흰색 지붕 아래에서 사회 전체가 바쁘게 움직인다.

서둘러야 한다. 15페니 정도 무게의 다 자란 목초지들쥐는 매일 자기 무게만큼 먹어야 한다. 반드시 그래야 하기에 그 암컷은 24시간 내내 약 세 시간마다 먹이를 찾으러 간다. 겨울에는 먹이가 더 부족하고, 먹이를 찾는 동안 온기를 유지하려고 에너지를 더 많이 태운다. 이러한 결핍과 추위에 대응하여 목초지들쥐는 마치 죽음을 동경하는 듯한 행동을 한다. 여름철 그 암컷이 매우 좋아하는 녹색 식물이 헤플 정도로 자랄 때, 체지방을 채우려고 바쁘게 움직이거나 둥지 근처에 씨앗들을 비축하지 않는다. 축적을 하지 않을 뿐 아니라, 이제 한걸음 더 나아간다. 겨울을 위해 체중을 떨어뜨리는 것이다. 더 여윈 그 암컷은 한해의 가장 추운 시기에 더 빨리 체열을 잃는다.

반직관적이기는 하지만, 더 가벼워지는 것이 그 암컷의 생존 전략의 핵심이다. 더 가벼워지면 먹이가 덜 필요하다. 들쥐는 여전히 세 시간마다 밖으로 나가긴 하지만 더 빨리 돌아온다. 살아남기에 충분한 씨앗, 나무껍질, 색이 바랜 풀줄기를 찾으러 가는 여정에 시간이 덜 필요하다. 그러면 들쥐가 풀로 엮은 둥지에서 휴식을 취할 수 있는 시간이 생긴다. 그곳의 온도는 포근한 화씨 50도(섭씨 10도)일 것이다. 그곳에서 암컷은 더 무거웠다면 충분한 음식을 찾기 위해 터널을 달리며 다 써 버릴 에너지를 비축한다. 그리고 따뜻한 자신의 컵 안에서 단열된 채, 모든 열을 발생시켜야 한다는 부담에서 벗어난다.

    체중을 줄인 상태가, 둥지를 그렇게 따뜻하게 만드는 이유이기도 하다. 다른 모든 계절에는 들쥐가 계속 짝짓기를 하고, 아주 작은 새끼들만 함께 눕도록 허용한다. 이제는 낮이 짧고 어두워지면서 암컷 들쥐의 생식 호르몬 꼭지를 잠갔다. 호르몬을 놓치는 것도 그 암컷 들쥐의 몸무게가 줄어들고 쉽게 열을 잃는 한 가지 이유다. 그러나 그러한 격렬한 짝짓기와 어미의 분비액이 없으면 그 암컷은 마음을 누그러뜨린다. 친척이든 아니든 자신의 둥지로 기꺼이 이웃을 환영한다. 그리고 나서 각각이 가장 작고 추위에 가장 취약할 때, 함께 옹기종기 모인다. 이들은 함께함으로 그들 모두를 보호하는 열기를 만들어 내는 평화로운 생명체들이다.

대림절 21

동부여우다람쥐

아직 해가 다 뜨지 않았지만 내가 눈을 가로질러 갈 때, 뒤뜰에 자리 잡은 여우 다람쥐 여섯 마리가 둥지에서 깨어나 격자 모양의 나뭇가지들을 따라 돌진했다. 다람쥐들은 내 가방에 무엇이 있는지 알고 있다. 내가 익히지 않은 땅콩 한줌을 먹이통에 놓기도 전에, 가장 용감한 녀석이 히코리나무 몸통 아래로 달렸다. 그 녀석은 멈추어 기지개를 켜고 하품을 한 다음 내가 준 땅콩을 입에 넣었다.

내가 가져온 것은 간식이지 양식이 아니다. 긴 겨울 내내 계속 달리고 뛰어오르려면 여우다람쥐 각각이 매주 약 900그램의 견과가 필요하다. 이는 계절에 상관없는 그들의 고에너지 생활방식이며, 그들은 그 대가를 계산한다. 그들에게는 투자 계획, 먹이에 관한 계획이 있다.

다람쥐 무리는 내가 내놓은 것을 재빨리 먹어치웠다. 그런 다음 용감한 수컷이 눈 사이로 뛰더니 갑자기 멈추어 땅 쪽으로 거꾸러지며 꼬리 깃발을 흔들었다. 그가 갑자기 튀어나올 때 그 입은 도토리로 인해 불룩하다. 그 수컷은 도토리가 그곳에 있음을 알고 있었다. 그것이 붉은떡갈나무 도토리, 에너지가 풍부한 보석임을 알았다. 그는 가을 날 한바탕 먹이를 먹은 후 직접 그것을 묻어 두었었다.

    히코리나무와 떡갈나무에 앉아 있던 그와 그의 동료들은 견과들을 빠르게 먹으며 일부만 떨어뜨린다. 그들은 주요한 투자 전략에 시간을 할애하기 위해 가능한 한 빨리 가능한 한 많은 지방을 보태려고 애쓴다. 배불리 먹은 다람쥐들은 땅으로 달려가 흩어져서, 나무에서 딴 견과들을 묻었다. 다람쥐는 각기 한 번에 견과 하나씩 거듭해서 파묻는다. 이는 많은 양의 에너지를 쓰는 일인 듯 보였다. 그러나 마찬가지로 지방이 많은 견과류를 갈망하는 사슴, 칠면조, 너구리 피하는 데는 여전히 더 많은 에너지가 들 것이고 피해 봐야 소용없을 것이다. 대신 다람쥐들은 겨울을 나는 데 필요한 음식을 직접 준비하기 위해 그것들을 숨겼다. 그러나 흰떡갈나무 도토리는 아니다. 이 도토리는 대부분 즉시 먹는다. 흰떡갈나무 도토리는 며칠 내에 싹이 터서 음식으로는 쓸모가 없음을 알기 때문이다. 그러나 지혜롭게도 그리고 약삭빠르게도 붉은떡갈나무 도토리는 땅에 묻었다. 맛이 덜하기는 하지만, 차가운 땅에서는 싹이 나지 않은 채로 남아 있을 것이다. 뿐만 아니라 그 도토리는 혹독한 추위에 절실하게 필요한 더 많은 양의 에너지를 준다. 다람쥐들이 보호하기 위에 더 많이 애쓰는 이것들은, 나무에서 더 먼 곳에 숨겨서 도둑들이 발견할 가능성이 더 적을 것이다.

같은 종의 도둑들을 포함하여 항상 근처에서 지켜보는 이들이 있다. 그래서 내가 가장 좋아하는 수컷은 견과를 묻는 속임수를 썼다. 그 수컷은 견과를 집어넣기 전에 미끼 구멍을 두 개 혹은 그 이상 판다. 혹은 집어넣은 다음에. 나중에 돌아와서 새로운 장소에 견과를 다시 묻었다. 그 수컷이 숨겨둔 것 중 일부는, 눈이 덮여 있어도 이웃들의 예민한 코가 발견할 것이다. 그리고 그도 그들의 것 중 일부를 발견할 것이다. 그것은 보너스다. 다람쥐가 척박한 계절에 살아남기 위해 의지하는 것은 기억력이다.

나는 그 다람쥐가 자신의 둥지, 나무 높은 곳 나뭇잎과 잔가지로 만든 바람이 통하지 않는 방주에서 웅크리고 앉아 매일 밤 기억 속 지도를 찾아보는 모습을 상상한다. 그 지도에는 각 견과의 위치뿐 아니라 종류도 표시되어 있다. 내일은 수천 개 중에서 어느 것을 되찾아올까, 더 추운 날을 위해 어느 것을 저장해 놓을까? 겨울은 그의 활기찬 삶을 끈질기게 시험한다. 그는 묻힌 작은 보물을 하나하나 기억하며 응답하는 데 최선을 다한다.

대림절 22

붉은여우

한 해의 가장 긴 밤이 마지못해 물러간다. 천천히 깬 아침이 회색빛으로 선명하지 않게 스며든다. 그때 놀랍게도 재빠른 주황색 솔이 들판 구석에 있는 눈을 쓰다듬었다. 그 암컷 여우의 시그니처가 덤불 속으로 구부러져 사라졌다.

  드디어 여우가 쉰다. 그 여우는 어제 해가 진 이후로 어두웠던 열다섯 시간 전에, 밖에 나갔을 가능성이 높다. 배고픔을 가라앉히는 데 열심히 초점을 맞추었던 시간들이다. 여우가 좋아하는 베리들과 가을 과일은 없다. 딱정벌레, 다른 벌레들, 도마뱀도 죽었거나 땅 속으로 굴을 파고 들어갔다. 대부분의 새는 멀리 날아갔다. 그리고 이렇게 이른 겨울에 노출되어 죽는 생명체는 거의 없다. 있었다면 다급한 그 여우가 전사한 그들을 먹을 것이다.

  나는 그 암컷이 사라진 지점 쪽으로 길을 돌렸다. 여우의 발자국과 엇갈리게 따라가며 그 발자국들의 변화를 보았다. 발자국들은 함께 더 가까워지더니 1/4 회전한 다음 멈췄다. 1.2미터쯤 눈은 부서지지 않고 조용히 있었다. 그런 다음 구멍에서 세찬 소동이 일어나더니 피가 두 방울 떨어졌다.

몇 분 전 여우는 들판을 가로질러 서쪽으로 빠르게 걷고 있었다. 바스락거리는 아주 작은 소리, 발을 질질 끄는 소리, 끽끽거리는 소리가 축구장만큼 멀리 떨어진 곳에서 눈을 뚫고 파문처럼 번져 그의 귀 안쪽 부드러운 곳에 이르렀을 때였다. 여우는 멈춰섰다. 고개를 좌우로 기울이며, 오른쪽 귀를 높였다가 왼쪽 귀를 높였다 하며, 바스락거리는 소리가 한쪽 귀에서 다른 쪽 귀에 도달하는 눈 깜짝할 사이의 시간을 측정한다. 그렇게 여우는 하얗게 넓게 트인 지역 아래 그 근원이 흔들리는 지점을 추정했다. 그러나 살아 있게 하려면 정확성이 필요하다.

여우는 소리를 측정한 후 귀로 경계하면서, 눈 위에서의 속삭임보다 더 작게 털로 덮인 발의 푹신한 부분으로 밟으며 앞으로 살금살금 움직였다. 그러더니 여전히 귀를 기울이며 방향을 바꿔 정북 바로 동쪽을 조준했다. 여우는 북쪽을 보았다. 마치 지구의 자기장이 그 여우에게 북쪽을 보여 주기 위해 눈의 망막에 한 조각 그림자를 만드는 것 같았다. 여우가 북쪽으로 방향을 돌렸을 때 그 여우가 보았던 그림자는 신중하게 한걸음 한걸음 앞서 갔다. 집중하는 여우는 항상 같은 정확한 거리를 유지하며, 눈 아래에서 이동하는 소리와 그림자를 정렬했다.

여우가 잠시 웅크리고 앉는다. 그러더니 뒷다리로 일어서서 무릎을 구부린 채, 보이지 않는 종종 걸음의 속도와 방향, 눈 덮개의 깊이와 저항을 고려한 궤적에 따라 위로 뛰어올랐다. 여우는 공중에서 꼬리의 방향타로 잠시 위치를 바로잡았다. 정확히 활 모양을 만든 정점에서 여우는 아래로 돌진했다. 잠시 조용한 순간 여우는 눈 속에서 머리가 없는 것처럼 보였다. 그러더니 자신이 만든 분화구에서 꿈틀거렸다. 몸을 일으킨 여우가 주둥이를 하늘로 들어올리고 꿀꺽 삼켰다.

여우는 먼 곳의 소리를 감지하게 위해 열심히 귀를 기울이지만, 정적으로 윤을 낸 걸음으로 움직이며 방해 요소를 허용하지 않고 주의를 집중해서 그 훈련을 하지만, 겨울에는 이러한 놀라운 능력들로도 충분하지 않다. 여우는 그 일들을 완수하기 위해, 숨겨진 영양분을 찾기 위해 그림자의 방향으로 몸을 돌려야 한다. 믿을 만한 단서 없이 뛰면 다섯 번 중 네 번은 빈손일 것이다. 그 다음에야 먹는다.

대림절 23

북부홍관조

진회색 구름이 연못과 들판에 무겁게 깔린다. 그 너머로 잎이 다 떨어진 나무들과 덤불이 그 날을 견뎌낸다. 무거워진 내 고개가 숙여진다. 그리고 내 부츠가 터덜터덜 걷는 것을 지켜본다. 그때 문득 고개를 왼쪽으로 들었는데, 키가 큰 잡초 사이에서 즐겁게 노래하는 진홍색 불꽃이 내 눈을 사로잡는다. 흔들리는 엉겅퀴의 긴 줄기에 자리를 잡고 빛을 비추더니 날아간다.

거의 모든 세상이 자기의 색깔을 억제할 때, 이 수컷 홍관조는 붉게 빛난다. 검은색 눈으로 나보다 더 빨리 그에게 달려드는 매를 감안하면 사치스러운 몸짓이다. 홍관조의 광채는 봄에 대한 그의 흔들리지 않는 기대를 알린다. 수컷 홍관조는 봄에 구애를 할 것이다. 깃털이 더 빨개지면서, 암컷들은 그에게 더 열심히 날아갈 것이다. 그래서 구애하는 계절에 걸칠 깃털이 자라는 가을이면, 그 수컷은 거의 독점적으로 층층나무 베리, 머루, 덩굴장미

열매 등 자신을 진홍색으로 흠뻑 젖게 해 줄 과일들을 먹었다.

화려하지만 무모하다. 세상을 뼛속까지 벗기는 추운 여러 달 동안 그 불타는 빨간색을 유지하려면 자기 몸에 깊이 주의를 기울여야 한다. 내 눈과 마음을 사로잡은 비행은 무모한 폭주가 아니었다. 엉겅퀴 위에서 흔들릴 때 그 수컷은 노래하지 않았다. 겨울에는 노래하지 않는다. 날고, 노래하면 에너지가 타서 다 소모된다. 열정적인 방종의 색을 입은 그는 사실 모든 행동에 대해 '그것이 목적이 있는가? 그것은 희생에 보답하는가?'라고 질문하며, 자기의 모습을 보존하는 이다.

겨울에는 그의 삶에 연료를 공급해 줄 것이 씨앗밖에 없다. 추위가 더 강해지면 홍관조는 그의 용광로가 생존 온도인 화씨 105도(섭씨 40도)까지 되도록 연료를 공급할 더 많은 씨앗이 필요하다. 씨앗을 먹는 다른 동물들도 씨앗이 더 많이 필요하고, 먹다 남은 씨앗들은 눈이 덮어 버리는 바로 그때 말이다. 그래서 홍관조는 늦가을과 초겨울에 필요한 양보다 더 많이 그러나 엄격하게 먹는다. 홍관조는 곧 지방을 비축해야 하며 그렇지 않으면 얼어 버린다는 것을 안다. 지방이 너무 적으면 홍관조는 죽는다. 그러나 너무 많아도 죽는다. 지방은 그를 느리게 만들고, 그의 민첩함을 둔하게 만든다. 그리고 잡초와 곡물이 자라는 탁 트인 밭을 지켜보는, 뒷마당 먹이통을 지켜보는 매는 빠르고 매끈하게 급강하

한다.

그래서 매일 홍관조는 비축물의 무게를 단다. 그의 얇은 피부 아래 지방이 얼마나 퍼져 있는지 정확히 감지한다. 그리고 낮의 기온과 길이를 측정하며 겨울이 얼마나 남았는지 감지한다. 그는 자신이 아는 모든 것을 정교한 저울에 올리고, 이는 정확한 지방 증가분만큼 보태기 위해 얼마나 먹어야 하는지 알려 준다. 홍관조는 겨울이 가장 혹독하고 먹이가 빈약할 바로 그때 가장 무게가 많이 나가도록, 아주 조금씩 무게를 늘린다. 그의 목표는 메스의 칼날이다. 이는 매주 심해지는 추위에도 그의 목적에 맞는 연료를 공급할 만큼만 무겁고, 하늘에서 매의 발톱이 내려와도 재빨리 피할 만큼만 가벼운 상태다.

홍관조는 엉겅퀴가 천천히 흔들릴 때 멈춘다. 아마도 그가 내려앉았을 때 그 줄기가 얼마나 내려가는지 얼마나 빨리 되돌아오는지 주목하며 자신의 무게를 재는 것 같다. 만약 그가 너무 두툼한 것과 너무 가느다란 것 사이의, 너무 많은 것과 너무 작은 것 사이의 좁은 길을 항해할 수 있다면, 오랫동안 기다리던 봄에 다다를 것이다. 그때 홍관조는 확 타오르며 우리를 눈부시게 할 것이다. 위아래로 움직이며, 돌아다니고, 신나서 뛰어다니며, '안녕, 안녕, 안녕' 하고 노래할 것이다.

대림절 24

호수송어

미시간 호수 북쪽 부두에서 약 250미터 떨어진 곳, 얼굴을 따갑게 하는 진눈개비와 물보라 때문에 나는 움찔했다. 크리스마스이브가 되면 매번 나는 이곳으로 돌아온다. 이곳은 내가 최초로 집이라 불렀던 곳이다. 그렇긴 하지만 밀려드는 회색빛 선박이 방파제에, 인고의 시간을 보낸 해안에 저돌적으로 부딪쳐 나는 뼛속까지 흔들린다.

그 대소동 아래 어딘가에서 아이보리색 작은 반점들이 있는 은빛 물고기가 소리 없이 움직인다. 그 암컷은 떠들썩한 파도와 추위를 환영한다. 떠들썩한 소동과 추위가 물에 산소를 더 많이 섞어, 산소가 풍부한 차가운 물은 빙하가 물러간 후 이곳으로 호수송어를 데려왔다. 마음껏 하는 호흡이 어떤 특별한 음식보다 그 암컷에게 더 좋다. 암컷 송어는 길이가 480킬로미터에 달하는 이 미시간 호수에서 선호하는 작은 물고기를 찾으며 헤엄을 치겠지만, 만족할 만큼 찾지 못하면 간단히 작은 새우나 벌레들로 갈아탈 것이다. 그리고 새우나 벌레들이 사라지면, 채식주의자가 되기로 결정하고 조금 더 천천히 자라는 것을 받아들일 것이다. 다윈과 그 이후 다른 과학자들은 그 암컷 송어의 종을, 지구상에서 가장 융통성 있고, 가장 적응 잘 하는 척추동물이라고 생각했다.

초겨울인 지금 송어는 편안하다. 다른 계절에는 자신의 장기보다 더 따뜻한 물을 향해 작은 물고기들을 따라간다. 가장 만족스러운 먹이를 위해 이 스트레스를 참는 쪽을 택한 것이다. 혹은 스트레스를 덜고 영양가가 덜한 먹이를 먹을 수도 있다. 송어는 언제나 거래를 해야 하고 선택을 해야 함을 안다. 그러나 겨울에는 그 더 따뜻한 물, 즉 작은 물고기가 따라가는 더 따뜻한 물이 송어의 몸에 딱 맞는 온도인 화씨 40도(섭씨 4도)다. 암컷 송어는 편안하게 목욕을 하고 또 풍성한 먹이를 먹으며 휴식을 취할 수 있다.

그 암컷은 홀로 휴식을 취한다. 7-8주 전에는 공동생활을 했다. 그것은 며칠 동안 지속되었다. 늦가을 물이 차갑다고 느껴졌을 때 그 암컷과 각지에 있는 호수송어 속에서 자신들의 첫 번째 집, 곧 부화한 장소로 돌아가고 싶은 억누를 수 없는 충동이 일어났다. 미시간 호수에 있는 부화 장소 절반은 이 부두 바로 앞이다. 이 물이 첫 번째 집으로 알맞은 까닭은, 기온이나 깊이, 투명도 때문이 아니다. 먹이가 공급되기 때문도 아니다. 이유는 바위다. 그곳에는 문손잡이와 수프 그릇 크기의 석회암 자갈들이 1.8미터도 넘는 두께로 쌓여 있는데, 일부는 모래톱에, 일부는 깊은 해구 바닥에 있다. 호수 사방에서 물고기가 이곳에 모였다. 밤새도록 수컷과 암컷은 그들이 처음 깨어났던 큰 바위 더미 위에서 헤엄치며 은색 측면을 밀착시켰다.

 암컷이 헤엄쳐 갔다가 홀로 호수를 돌아다니기 시작하면, 수천 개의 수정란을 남겼다. 수정란들은 암컷의 몸에서 자갈 틈으로 떨어졌다. 이는 이 빛나는 물고기가 실행에 옮기는 일종의 믿음이다. 그 물고기는 자신이 소생한 곳에 생명을 심기 위해 아마도 아주 먼 거리에서 돌아왔을 것이다. 이는 또 바위, 그들이 피신하는 틈, 냉수 요람의 이로움에 대한 믿음이다. 그 암컷 송어는 포식자들을 피해, 격렬한 조류를 피해, 그곳에 수정란들을 밀어 넣었다. 그런 다음 떠났다. 그 암컷은 할 수 있는 일을 다 했다. 살아 있지만 휴면기인 그 수정란들은 그 암컷이 한때 기다렸던 것처럼 겨울이 끝날 때까지 기다린다. 그것이 그들이 깨어나기 위해 해야 하는 일이다.

성탄절

예수 그리스도

숲으로 가는 도중에 내 강아지가 길에서 벗어나 왼쪽으로 방향을 틀었다. 나는 내가 깨어 있는 날들에는 내 강아지를 따라가면 계시를 얻는다는 것을 배웠다. 강아지는 나를 작은 구유로 안내했다. 갓 톱질한 새 목재에 못질을 해 짜맞춘 것이었다. 전통적인 성탄화에 나오는 모양으로 만들어진 그 구유는 숲 가장자리에 놓여 있었는데 비어 있었다.

나는 근처에 있는 집에 살고 있는 아이 네 명을 의심했다. 그 아이들은 종종 집을 벗어나 부모님의 도움을 받으며 숲에서 광선검, 망토, 왕관을 장착한 채 게임을 했다. 그들은 여전히 선견자였다.

그 구유는 대림절이 일주일 지났을 때 나타났다. 잘 부스러지는 떡갈나무의 갈색 잎들이 그 안에 들어갔다가 나왔다 했다. 그러더니 어느 날 그 구유가 비어 있지 않았다. 구유에는 건초가 가득했다. 이틀 후에는 그 건초가 땅에 버려져 있었고 구유는 몇 센티미터 떨어진 곳으로 옮겨져 있었다. 그리고 이제는 껍질을 벗긴 옥수수가 반쯤 차 있었다. 여우다람쥐 한 마리가 구유에 앉아 한가롭게 그 알맹이를 하나씩 먹고 있었다.

나는 눈 사이로 서로를 끌어당기는 썰매를 타고 있는 그 아이들을 발견했다. 나는 "구유에 대해 이야기해 줄래?"라고 말했다.

나이가 제일 많은 남자아이가 말했다. "사슴을 위한 거예요. 우리는 사슴을 지켜보는 것을 좋아해요. 다음번에는 소금 한 덩이를 넣을 거예요…."

그러자 가장 어린 여자아이가 "그건 모든 동물을 위한 거예요"라고 하며 끼어들었다. 여자 아이는 머리를 뒤로 젖힌 채 떨어지는 부스러기들을 맛보기 위해 입을 벌리고 있었다.

성탄절 이야기는, 때가 찼을 때 한 소녀가 동물에게 둘러싸여 출산을 했다고 말한다. 소녀는 그들의 여물통 중 하나에 아기를 누인다. 동물들의 몸은 갓 태어난 인간 몸 주위의 공기를 따뜻하게 해주었다. 엄마와 아기는 잠들었다가, 그 동물들의 칙칙 소리와 질질 끄는 발굽 소리, 울음소리와 그 동물들의 살가죽이 떨리는 것을 감지하고 잠에서 깼다. 그 이후에는 먼지와 습기 찬 양털과 우유 냄새가 나는 목자들이 마구간 안으로 몰려들었다. 황량한 밤 바깥 들판 어두운 데 앉아 있던 양치기들이 그 말을 들은 첫 번째 사람들이었다. 그들은 한 아기가 태어났다는 말을 들었다. 그리고 그 아기가 사람들에게 그들의 작고 갑갑한 삶에서 벗어날 길, 만물에게 찬란한 완전함을 가져다주는 항상 존재하고 막을 수 없는 사랑의 흐름에 자신을 맡기는 길을 보여 줄 것이라는 말을 들었다. 그들은 그를 알아보기 위해 동물들 사이에 머물고 있는 아이를 찾아야 했다.

아이들이 옥수수와 소금을 내다놓고 그들을 지켜보며 그들의 이름을 부르고 그들에게 말을 거는 그 숲 가장자리에서, 동물들이 기다리고 있다. 그들은 언젠가 구유가 비어 있음과 아이들이 실내에 있음을 알게 될까? 너무 많은 것이 아이들을 몰아붙여 그들의 망토와 면류관을 나뭇잎에 떨어뜨리게 한다. 그들의 관심을 끌기 위한 시끄러운 외침과 섬광이 너무 많다. 그 아이들은 자라면서 다른 창조물들 안에서 빛과 영혼을 보는 시력을 잃을까? 아니면 재촉과 시끄러움에도 불구하고 존재하는 모든 것에서 조용히 내뿜는 저항할 수 없는 아름다움을 발견할까? 동물들의 경우는 전혀 다르다. 그들의 소망 그리고 숨 쉬는 모든 것의 소망은, 인간이 위대한 단 하나의 사랑에 자신을 맡기는 것이다. 그것을 위해 모든 피조물이 기다린다.

감사의 글

내가 절대 알지 못할 사람들의 도움을 비롯하여 이 작은 책을 쓰는 데 얼마나 많은 도움이 필요한지 깨닫고, 처음에는 겸허해지고 그 다음 마음이 따뜻해졌다.

동물을 가까이에서 관찰하는 모든 사람, 과학자 및 독학으로 동물을 연구하는 이들 모두에게 감사한다. 그들은 이 책에 나오는 생물들의 삶에 대해 책과 기사와 블로그 글을 썼거나, 내게 이메일과 전화와 대화로 그들의 지식을 전해 주었다. 내 아버지도 그들 중 하나다.

나와 친한 두 독자에게 감사를 전한다. 타마리 딘은 예술가와 과학자의 감성 둘 다를 멋진 긴장감 속에서 표현해 주었고, 셰릴 헬너는 한결같이 동물들을 깊이 보고 그들에게 깊이 귀 기울이라고, 그리고 다시 더 깊이 보고 귀 기울이라고 일깨워 주었다.

이 책을 쓰는 동안 나를 위해 기도해 준 작은 여성 예술가 그룹 다이아몬드 시스터즈에게 감사를 전한다.

지면에 있는 동물들에게 생기를 불어넣으며 함께 해 준 데이비드 클라인에게 감사를 전한다. 또 나를 예술가로 존중해 준, 페

러클리트 출판사의 내 편집자 필 폭스 로즈에게도 감사를 전한다.

아들 카이와 코터에게 감사를 전한다. 이들의 사랑과 경탄으로 우리 가족의 동물 대림절 달력을 만들 수 있었고, 20년 이후 이 책으로 이어졌다.

마지막으로 무슨 소용이 있는지 묻지 않고 공간과 시간을 내어 준 더그에게 감사를 전한다.

세상의 희망

초판 1쇄 인쇄 2024년 11월 11일
초판 1쇄 발행 2024년 11월 25일

지은이 게일 보스
그린이 데이비드 클라인
옮긴이 김명희
펴낸이 김태희
펴낸곳 터치북스

출판등록 2017년 8월 21일(제 2020-000174호)
주소 경기도 고양시 덕양구 통일로 800, 2층(관산동)
전화 031-963-5664 팩스 031-962-5664
이메일 1262531@hanmail.net

ISBN 979-11-85098-75-3

잘못 만들어진 책은 구입한 곳에서 교환해 드립니다.